金で
かない
ための本

困るまえに読む！
お金のトラブル回避術

宇都宮健児●監修
千葉 保＋利息解読プロジェクト●著
イラ姫●絵

太郎次郎社エディタス

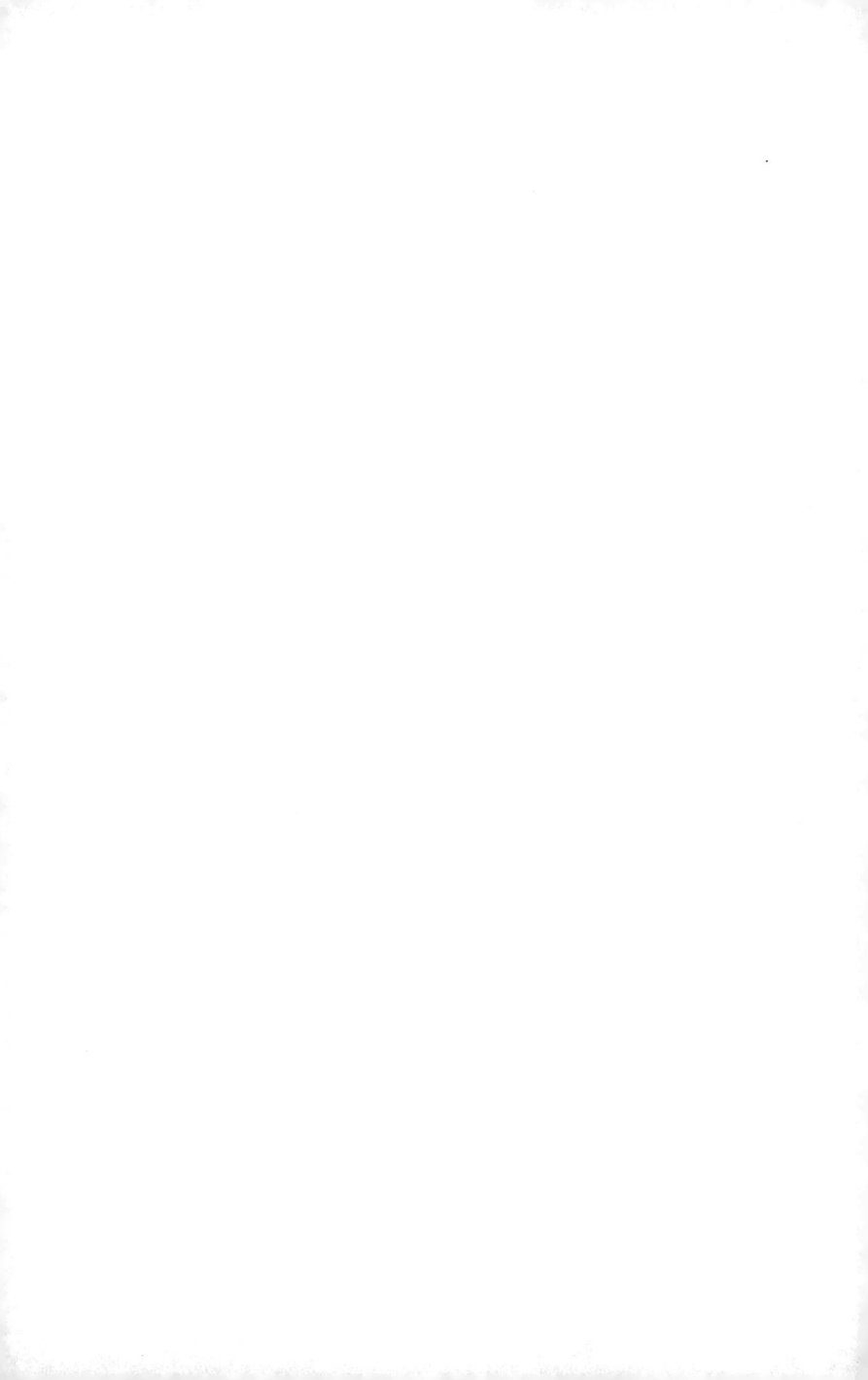

はじめに

2007年、10代に向けたイラストブック『お金で死なないための本——いつでもカード、どこでもローンの落とし穴』を出版しました。これから社会に出ていく子どもたちに、お金の知識とトラブルの解決策を身につけて、「マネーの世界」を賢《かしこ》く泳いでいってほしいという願いをこめてつくったものです。大きな反響《はんきょう》があり、各地の中学・高校の授業で活用されています。

意外だったのは、この本を読んだ親御《おやご》さんや先生方、わたしが大学で教えている学生たちから、「知らないことがいっぱいあった。大人向けの本をつくってほしい」という声が多く寄せられたことです。

そうしたリクエストから生まれたのが、この本です。

どこでもカード決済ができ、ATMでお金が借りられる生活はとても便利なものです。しかし、雇用《こよう》も収入も不安定な今、ささいなきっかけから返済困難や金銭トラブルにおちいる現実があります。

この本をつくるなかで、たくさんの事実がみえてきました。

ローン地獄《じごく》にはまるきっかけは「毎月ちょっと足りない」ことの連続にあること。月々の返済額を少なく設定できる「リボ払《ばら》い」で、多額の利息を支払うケースが多くあること。悪徳業者は親切そうな顔をして心のすきまに入りこむこと。そしてなによりも、こうしたお金のトラブルに巻き込《こ》まれるいちばんの原因は、そのリスクを知らなかったためであること——。

「困るまえに知っておくべきお金の知識」を、すべてこの本にこめました。リスクを回避《かいひ》する術《すべ》と、困ったときの解決方法を、わかりやすく紹介《しょうかい》しています。

みなさんの明るい人生の助けになってくれれば幸いです。

目次

第3章 身近な借金「消費者ローン」 59

コラム

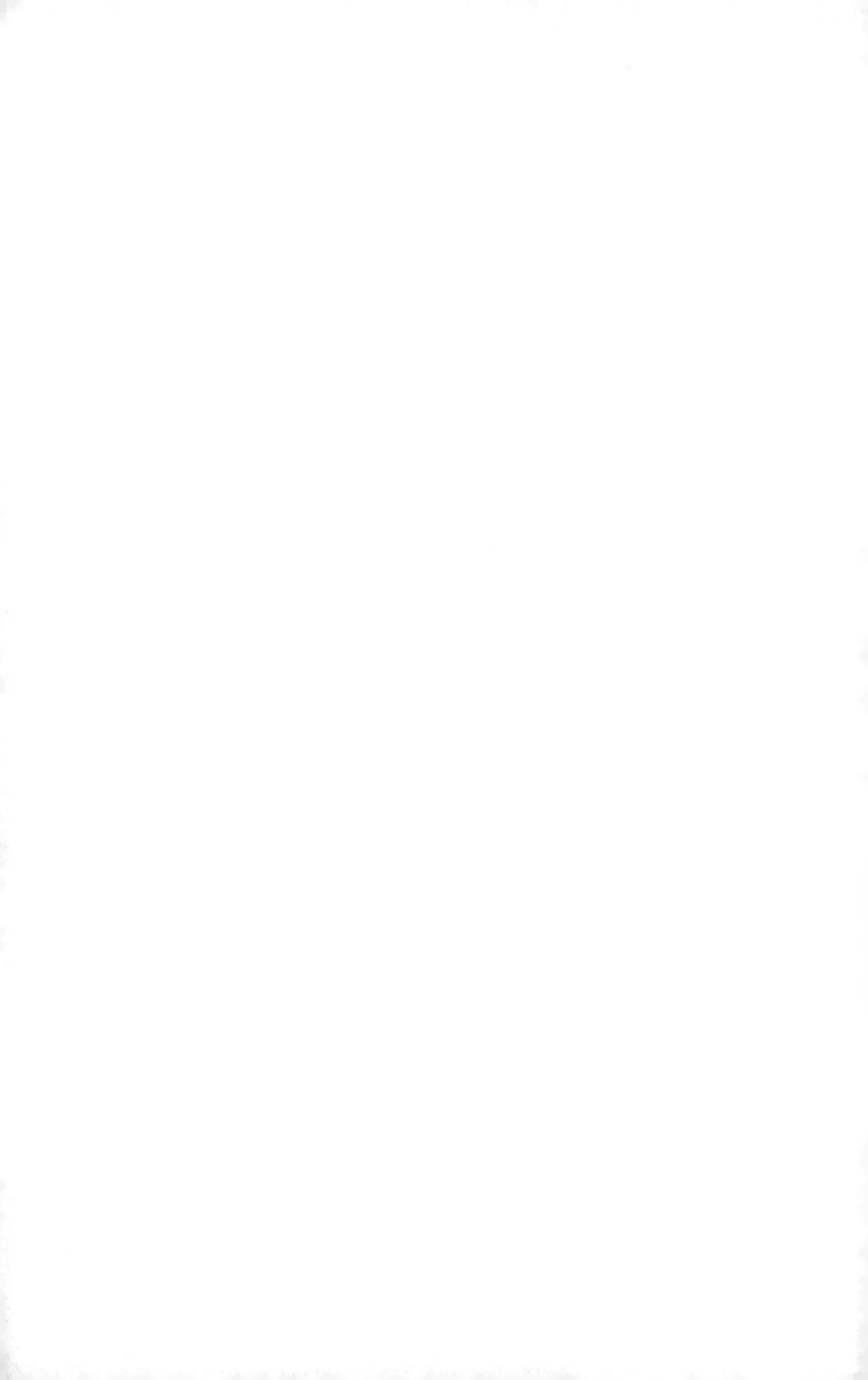

第1章

クレジットカードのひみつ

今月のカードの支《し》払《はら》い額は?

BCGカード ご利用明細書
作成日XX年8月3日
佐藤　アイ　様
0250-2121-1560-45
お支払い日 20XX年8月25日
当月お支払い金額（ショッピング） 5,000円
ご利用日 ご利用店名(売場名) ご利用金額 支払区分 お支払金額(円)
20XX.07.05 ダリさん引越センター 80,000 リボルビング --
20XX.07.14 パーティードレス・桜桃花 120,000 --
ビックガメラ新宿店 70,000
270,000 リボルビング
なにっ？ 今月だけで 27万円もカードで？
えっ？ だって～～～……
引っ越《こ》したしー 友だちの結婚式《けっこんしき》があったしー
薄型《うすがた》テレビはー 半額になってたから 衝動《しょうどう》買い？
ウフ♡
ダリさん引越センター
でも返済は 月5000円のリボ払いだから べつにだいじょうぶだしー
ふむふむ
ハイッ！ ではここで アイちゃんに クエスチョン！
えっ？ なにっ？ なんで？

結婚式に着ていくもの一式と引っ越し代、テレビ、あわせて27万円ぶんを月々 5000円返済のリボ払い（年率15%）で購入《こうにゅう》したアイちゃん。完済時の支払い総額はいくらになる?

探偵助手のキャロル◀

バニ蔵《ぞう》◀

そんな極端《きょくたん》な、と思いますか? でも、このような例は、けっしてめずらしくありません。ここで、あなた自身のクレジットカードの使い方をチェックしてみましょう。

クレジットカード危険度チェック

はい＝1点、いいえ＝0点

- [ ] ❶買い物をしすぎてしまうことがある。
- [ ] ❷カードを3枚以上持っている。
- [ ] ❸カードでキャッシングをすることがよくある。
- [ ] ❹カード払いの手数料やキャッシングの利息がどのくらいか知らない。
- [ ] ❺利用明細書はいちいち見ない。
- [ ] ❻カード会員規約を読んだことがない。
- [ ] ❼口座の残高が足りず、引き落としができなかったことがある。
- [ ] ❽カードを友人に貸すことがある。
- [ ] ❾クレジットの返済が苦しくなり、別のカードでキャッシングして返済にあてたことがある。
- [ ] ❿行方不明のカードがあることに、いま気づいた。

診断《しんだん》結果

合計 0点

あなたはカードを持つ資格があります。

合計 1～2点

カードを利用してもだいじょうぶですが、油断すると多重債務《さいむ》におちいるおそれがあります。

合計 3～6点

このままだと多重債務におちいる危険性が高いです。いったんカードの利用を中止して、家計のチェックをし、カード契約《けいやく》についての学習をしてください。

合計 7～10点

あなたはクレジットカードを持つべきではありません。いますぐクレジットカード解約の手続きをとりましょう。

クレジットカードはオトナの必須《ひっす》アイテム？

たとえば、海外でレンタカーを借りたり、ホテルに泊《と》まったりするときには、クレジットカードの提示が求められます。カードを持っていないと、多額の保証金を要求されたり、ひどいときには門前払いにあったりすることも。現金払いだとかえって信用されないようです。

ところで、日本ではいったい、どのくらいの枚数のクレジットカードが発行されているのでしょうか。

日本で発行されているクレジットカードの枚数は?

① 人口の半分くらい（約6500万枚）

② 人口と同じくらい（約1億3000万枚）

③ 人口の3倍近く（約3億2000万枚）

正解は③。3億2233万枚。単純に20歳《さい》以上の人口1億444万人で割ると、ひとり平均3.1枚のカードを持っている計算になります（2010年3月データ）。

●クレジットカード発行枚数の移り変わり

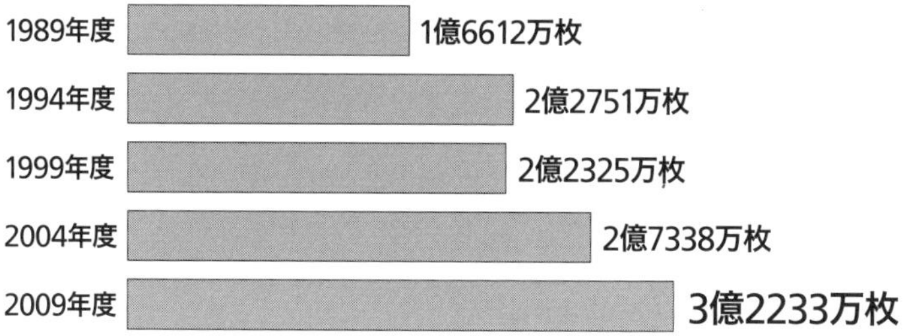

クレジットカード、こんなに増えてきたんですね。

●系列別カード発行枚数

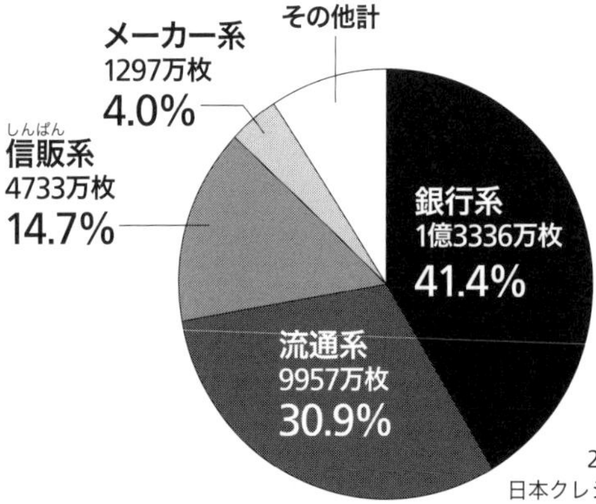

2010年3月末・
日本クレジット協会調べ

クレジットカードを発行する会社の業種はさまざま。銀行で申し込《こ》むものもあれば、スーパーやビデオショップの会員カードにクレジット機能がつく、なんていうものもありますよね。

●クレジット会社の業種によるおもなクレジットカードの分類

銀行系カード	銀行や銀行の系列会社が発行。JCB、UC、三井住友、MUFG、アメリカン・エキスプレスなど。
信販系カード	信販会社［注］が発行。オリコ、ジャックスなど。
流通系カード	デパートや大型スーパーが発行。イオン、セゾン、OMC（ダイエー）など。
メーカー系カード	自動車、電機メーカーなどが発行。

［注］**信販会社**……信販とは、信用販売（いわゆるクレジット・ショッピング）のこと。おもに月々の分割払いによる販売契約《けいやく》（割賦《かっぷ》販売）をとりもつ会社。

ちなみに、VISA《ビザ》、ダイナースクラブ、マスターカードなどのクレジット会社が発行するカードは「国際ブランド」とよばれ、世界各国で使えます。日本のクレジットカードのうち、国際ブランドはJCBカードだけ。多くのクレジット会社は、国際ブランドと提携《ていけい》することで、カードの海外利用を可能にしています。

クレジットカードの誕生

こんなに広く使われているクレジットカード。そもそも、いつごろできたものなのでしょうか。

1900年代はじめ、アメリカのいくつかのホテル、石油会社、百貨店が発行した、分《ぶん》割《かつ》払《ばら》い・後払いをするお客さんの身元確認カードが、クレジットカードの前身といわれています。このときはまだ、特定の店でしか使えない会員証のようなもので、紙でできていました。

そして1928年に、アメリカの大手百貨店から、まったく違《ちが》った見た目のクレジットカードが誕生します。

©Marilyn Acosta

なんと、金属製のカードです。チャルガ・プレート（のちにはチャージ・プレート）とよばれました。表面に、持ち主の名前や住所などが刻印されていて、店にあるカーボン紙とローラーつきの機械に通すと、それらの文字が写しとられるというしかけ。カード自体が高級そうですね。

その後、ニューヨークの多くの百貨店が共通カードを発行。重いカードを何枚も持ち歩かずにすむようになって、喜ばれたのだとか。

では、プラスチック製のカードは、いつ、どこで生まれたのでしょうか。

クレジットカードを最初にプラスチックにしたのは、じつは日本です。世界ではじめてのプラスチック・カードは、日本ダイナースクラブから生まれました。1961年のことです（日本初のクレジットカードは1960年に丸井が発行した紙のカード）。

さて、世界的なクレジット会社であるダイナースクラブやアメリカン・エキスプレス。その名前には由来があります。

ダイナースクラブのダイナーは「食事をする人」という意味。アメリカのレストラン専門のクレジット会社としてスタートしたので、こうした名前がつけられました。

いっぽう、アメリカン・エキスプレスの名前の由来は、創業時の業種だった運送業と関係があります。アメリカン・エキスプレスの創業は、1850年。当時、駅馬車や馬を乗りついで貴重品を運ぶ人たちは、「エキスプレス・マン」とよばれました（エキスプレスは「急行」の意味）。こうした運送業からはじまり、1891年に世界初のトラベラーズ・チェックを発行、その後クレジットカード発行へと事業を拡大していきました。

ハムラビ王がさだめた古代のクレジット

「目には目を、歯には歯を」のことばで知られるハムラビ法典は、約3800年前に制定された世界最古の法典。メソポタミア（チグリス・ユーフラテス両川流域）を統一したハムラビ王によってさだめられた。

ハムラビ法典は古代社会の慣習法を文章にしたもので、そのなかにはお金の貸し借りに関する条項《じょうこう》がふくまれている。クレジットの基礎《きそ》は、3800年もまえにすでに生まれていたのだ。

この法典がつくられた時代のメソポタミアは、豊かな灌漑《かんがい》農業を背景に経済が発展し、商取引がさかんだった。

貸し借りに用いられたのは大麦と銀貨で、貸し付けに関するやりとりはすべて、役人が認可した契約書《けいやくしょ》に記録されたという。ハムラビ法典によれば、銀貨での貸し付けの最高利率は年20%、穀物の場合の最高利率は年33%となっている。

しかし、天候や自然災害に左右される農民には、借金の返済に便宜《べんぎ》がはかられた。洪水《こうずい》や日照りの被害《ひがい》を受けた年は、利息ばかりでなく、元金《がんきん》の返済も免除《めんじょ》されたという。

カード・ショッピングのしくみ

ここからは、じっさいの買い物編クイズです。

クレジットカードで5万円のデジカメを
買いました。
1回払《ばら》いにしたら、1か月後にいくら払う?

① 5万円ちょうど（1回払いだから）

② 5万円＋利息で、5万円より多く払う（後払いなんだから）

③ 5万円−利息で、5万円より少なく払う（会員カードで得するはずだから）

正解は①。5万円ちょうどです。では、もう1問。

カード・ショッピングで
手数料（利息）をとられないのは?

① 1回払い

② ボーナス一《いっ》括《かつ》払い

③ 12回の分割払い

正解は①と②。翌月1回払いとボーナス一括払いは、手数料（利息）なし。翌々月までの2回払いについても、手数料をとらないクレジット会社が多いです。

カード・ショッピングのしくみを見てみましょう。

●カード・ショッピングのしくみ

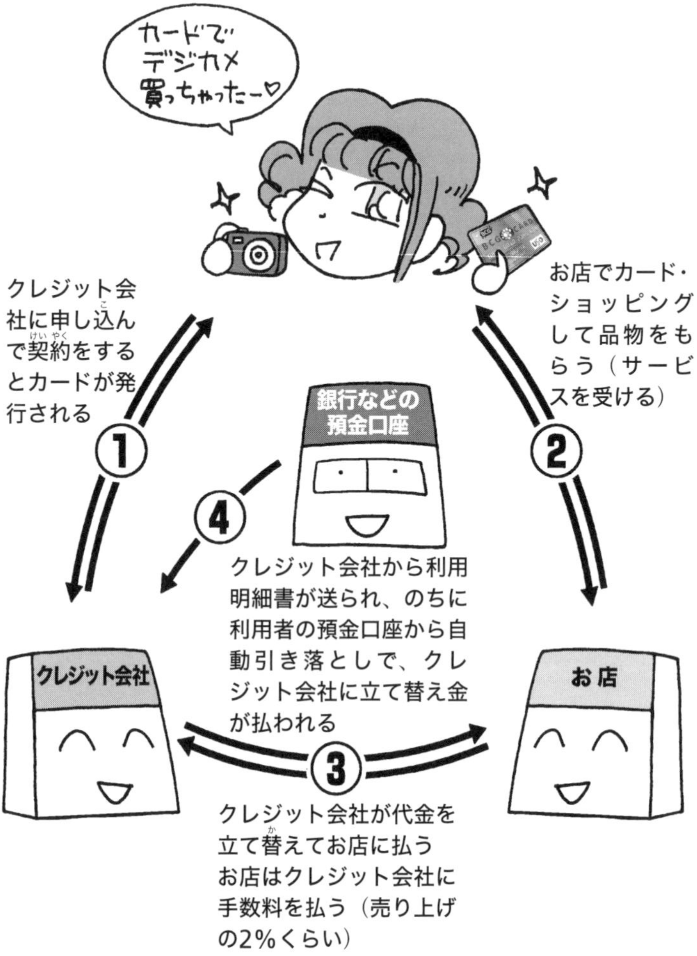

「クレジットカードで買い物をする」とは、クレジット会社が消費者にかわって立て替え払いをして、あとから消費者がクレジット会社にお金を返済する、ということなんですね。そして、店からの手数料と消費者からの手数料（利息）が、クレジット会社に入るしくみになっています。

左の図を見ると、店は手数料を払うばかりで損をするのではないか、と疑問がわきます。でも、店にとっては、客が「手持ちの現金がないから」と買い物を思いとどまらずに、「カードがあるから買えるかな」と、買う気になってくれるメリットのほうが大きいのです。

いっぽう、消費者にとっては、現金を持たなくても、また高い商品でも、カードがあればその場ですぐに品物が手に入るのが魅《み》力《りょく》です。

カードでキャッシング

クレジットカードを持っている人は、何にいちばんお金を使っているのでしょうか。

クレジットカードの利用額の全体は、なんと49兆702億円。その内訳は、ずばぬけてショッピングが多く、キャッシングの約9.3倍。たとえていうなら、ひとりの人が1年間に9万円をショッピングで使い、1万円をキャッシングする、という割合です。ショッピングには、飲食店、サービス業、チケット購入《こうにゅう》などでの利用もふくまれます（2009年度・日本クレジット協会調べ）。

いっぽう、クレジット会社の「収入の割合」はどうなっているでしょう。

クレジット会社の収入で、
いちばん大きな割合を占《し》めているのは?

① 入会金
② ショッピング収入（手数料）
③ キャッシング収入（利息）
④ 加盟店からの手数料

正解は③。収入全体でみると、キャッシング業務による収入が9053億円、およそ48%を占めています。

●クレジット会社の営業収入割合

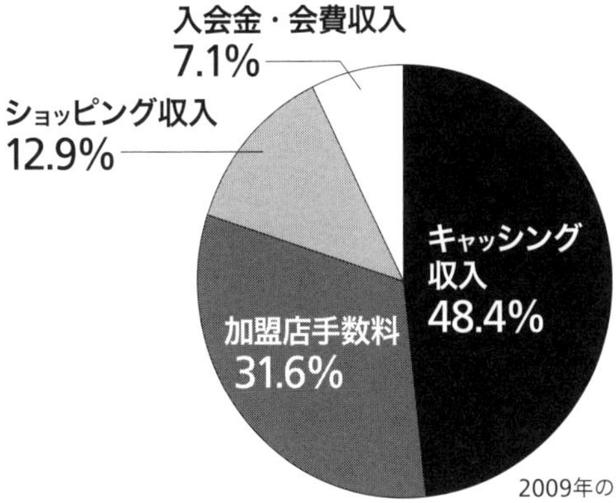

2009年の経済産業省調査の結果より

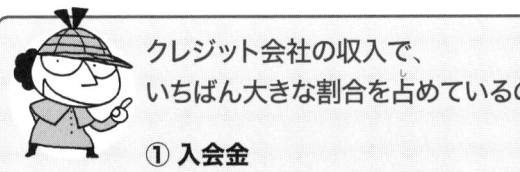

あれ？　利用額では約9.3倍と圧倒的《あっとうてき》にショッピングのほうが多いのに、クレジット会社の収入ではキャッシングのほうが4倍近くも多くなっています。いったいなぜなんでしょう？

ひとつには、まだまだ日本では、ショッピングはもっぱら手数料不要の1回払いという人が多く、なかなか収入につながらない、ということがあります。また、入会時に特典としてプレゼントを渡《わた》したり、ポイント還元《かんげん》などのサービスをしたりすれば、その費用はクレジット会社の負担になります。

では、キャッシングはどうでしょうか。その手数料（利息）について見てみましょう。

●クレジット会社の手数料（利息）の比較《ひかく》

	ショッピング	キャッシング
A社	14.4%	18.0%
B社	15%	9.8%～18.0%
C社	14.52%	12.0%～18.0%

（リボ払いの年率：2011年5月現在）

キャッシングの利息のほうが、ショッピングの手数料より少し高めですね。とはいえ、前ページの円グラフで見たような収入割合の差がつくほどとは思えません。

返済方法はどうでしょう？　ショッピングとは逆に、キャッシングでは、1回払いよりも、少しずつ返すリボ払いを選ぶ人が主流なのだそうです。もしかしたら、ここにクレジット会社の収入のヒミツがあるのかも。次章ではそれを探っていきましょう。

第2章

リボ払いのひみつ

リボ払《ばら》いの落とし穴

クレジットカードを使う場面はさまざま。社会人になって、ショッピング用とキャッシング用に2枚のカードをつくったケンタくん（23歳《さい》・会社員）の、ある月のカード利用をみてみましょう。

X月8日	洋服を購入《こうにゅう》	1万9800円
15日	友人たちと深夜まで飲み会	9400円
22日	給料日前でピンチ、キャッシング	2万円
		合計4万9200円

現金で支払う場合もたくさんあるので、ケンタくんは、毎月の返済が負担にならない支払い方法を選びました。ショッピングとキャッシングともに、クレジット会社に月々 5000円（あわせて1万円）を返す、「定額リボルビング払い」にしています。リボルビング払いとは、利用限度額内であればいくら使っても、毎月、一定額を支払えばいいという方法です（略してリボ払い）。

こんなふうに、毎月5万円ほどカードで使い、月々1万円の支払いを続けたケンタくんは、1年たったころ、ハタと「これはまずい!」と気づきます。支払い残高が51万2765円にもなっていたからです。

（毎月約5万使って1万返し、12か月。4万円×12か月なので、48万円の残高は、まあ当然。この時点で、利息分は3万5265円でした。）

ケンタくんは、いまの残高を返しおえるまで、カードは使わない決心をします。ただ、収入からすると、月1万円の返済がやっとなので、このまま月々1万円のリボ払いを続けることにしました。

51万2765円の残高。ケンタくんはあと何年で返しおわるでしょうか?

① 3年

② 5年

③ 7年

正解は③。7年後にようやく返しおわります。支払い合計額は、なんと約95万円、利息だけで35万4498円です。

ショッピングもキャッシングも、1回だけ利用して終わりなら、話は簡単です。でも、現実の生活のなかでは、まえの支払いがすまないうちに、また利用することが多いのです。

リボ払いはとくに、返済期間が長くなりがちです。リボルビングは“回転”という意味ですから、使うお金と返すお金がぐるぐるまわる、ということなのかも。

リボ払いのメリット

月々の返済額を少なく設定できる。

⇕

リボ払いの落とし穴

月々ラクだと安心しているうちに、いま、
いくら借りていて、利息がどのくらいついて、
いつ返しおわるのか、わからなくなる。

返済期間が長くなれば、ケンタくんのように、支払い総額は大きくふくらみます。セールで半額で買ったはずの洋服に、じつは定価より高い金額を払っていた……なんてことにもなってしまうのです。

●ケンタくんのカード利用と返済の経過

1枚のカードをショッピング専用、もう1枚をキャッシング専用として使い、それぞれ月5000円ずつ返済。――ショッピング年率14.4%、キャッシング年率18%（ともに月利計算によるシミュレーション）

回数	利用額(ショッピング+キャッシング)	返済額	利息	残高
1	48,400（28,400+20,000）	10,000	641	39,041
2	47,500（37,500+10,000）	10,000	515	77,056
3	48,900（38,900+10,000）	10,000	986	116,942
4	49,200（29,200+20,000）	10,000	1,481	157,623
5	51,000（31,000+20,000）	10,000	2,015	200,638
6	45,900（35,900+10,000）	10,000	2,579	239,117
7	46,700（36,700+10,000）	10,000	3,057	278,874
8	60,400（30,400+30,000）	10,000	3,553	332,827
9	48,000（28,000+20,000）	10,000	4,278	375,105
10	51,000（31,000+20,000）	10,000	4,834	420,939
11	38,500（18,500+20,000）	10,000	5,434	454,873
12	62,000（32,000+30,000）	10,000	5,892	512,765
	597,500	**120,000**	**35,265**	**512,765**

ここで
カード利用を
ストップ!

回数	返済額	残高
13	10,000	509,434
14	10,000	506,055
15	10,000	502,628
16	10,000	499,153
17	10,000	495,629
18	10,000	492,054
19	10,000	488,429
20	10,000	484,752
21	10,000	481,023
22	10,000	477,241
23	10,000	473,406
24	10,000	469,517
……		
36	10,000	418,294
37	10,000	413,621
38	10,000	408,881
……		
48	10,000	357,615
49	10,000	352,079
50	10,000	346,464
……		
60	10,000	285,716
61	10,000	279,155
62	10,000	272,505
……		
72	10,000	201,452
73	10,000	193,869
74	10,000	186,195
……		
84	10,000	104,207
85	10,000	95,457
86	10,000	86,602
87	10,000	77,641
88	10,000	68,573
89	10,000	59,396
90	10,000	50,109
91	10,000	40,710
92	10,000	31,199
93	10,000	21,573
94	10,000	11,832
95	10,000	1,974
96	1,998	0

返済総額 95万1998円
払った利息 35万4498円

リボ払《ばら》いはお得じゃない？

たしかに、ケンタくんのように、支払いを終えていないのに重ねてカードを利用することはあります。でも、利用額の60％近くもの利息（59万7500円にたいして35万4498円）がつくなんて。もともと利率は14.4％と18％なのに……。

もう少し、リボ払いについて考えてみましょう。

カードで100万円を借りて、ちょっといいスポーツカーを中古で買いました。それから毎月2万円ずつ、年率15％のリボ払いで返済。
24回返して、2年間で48万円払いました。
さて、あなたの借金は、残りいくらになったでしょう？

●返済シミュレーション表

			年率15%	単位：円
返済回数	返済額	元金	利息	残高
		内訳		1,000,000
1回目	20,000	7,500	12,500	
2回目	20,000	7,594	12,406	
3回目	20,000	7,689	12,311	
4回目	20,000	7,785	12,215	
5回目	20,000	7,882	12,118	
6回目	20,000	7,981	12,019	
7回目	20,000	8,080	11,920	
8回目	20,000	8,181	11,819	
9回目	20,000	8,284	11,716	
10回目	20,000	8,387	11,613	
11回目	20,000	8,492	11,508	
12回目	20,000	8,598	11,402	
13回目	20,000	8,706	11,294	
14回目	20,000	8,814	11,186	
15回目	20,000	8,925	11,075	
16回目	20,000	9,036	10,964	
17回目	20,000	9,149	10,851	
18回目	20,000	9,264	10,736	
19回目	20,000	9,379	10,621	
20回目	20,000	9,497	10,503	
21回目	20,000	9,615	10,385	
22回目	20,000	9,735	10,265	
23回目	20,000	9,857	10,143	
24回目	20,000	9,980	10,020	
	480,000	（　A　）	（　B　）	

「元金《がんきん》」とは、もともと借りたぶんのお金のこと。元本《がんぽん》ともいいます。この場合は最初が100万円です。上の表を使って、2年間で返せた元金（A）や、支払った利息（B）を計算してみましょう。電卓《でんたく》を使って、ただタテに足していけばいいのです。

2年間で払った金額（返済額）は、**20,000円×24回=480,000円**
そのうち、返した元金（A）は、**208,410 円**
払った利息（B）は、**271,590 円**
残っている借金額は、
1,000,000円－ 208,410円＝791,590円

まだ80万円近くも残っています！　いったいなぜ？
チバ探偵《たんてい》に説明してもらいましょう。

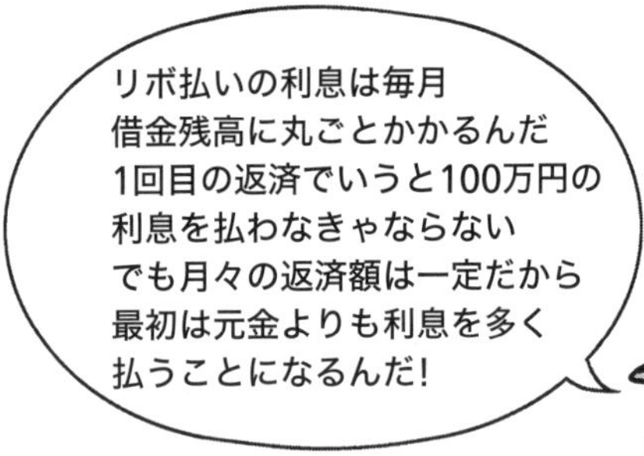
リボ払いの利息は毎月
借金残高に丸ごとかかるんだ
1回目の返済でいうと100万円の
利息を払わなきゃならない
でも月々の返済額は一定だから
最初は元金よりも利息を多く
払うことになるんだ！

●1回分の返済額の内訳

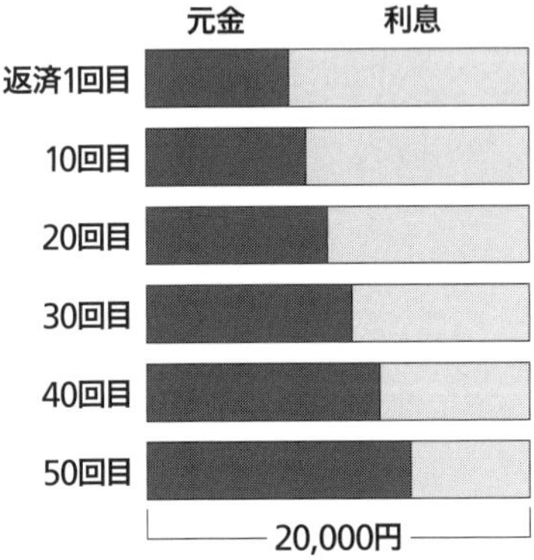
元金
利息
返済1回目
10回目
20回目
30回目
40回目
50回目
20,000円

年率15%　単位：円

返済回数	返済額	元金	利息	残高
		内訳		**1,000,000**
1	20,000	7,500	12,500	992,500
2	20,000	7,594	12,406	984,906
3	20,000	7,689	12,311	977,218
4	20,000	7,785	12,215	969,433
5	20,000	7,882	12,118	961,551
6	20,000	7,981	12,019	953,570
7	20,000	8,080	11,920	945,490
8	20,000	8,181	11,819	937,308
9	20,000	8,284	11,716	929,025
10	20,000	8,387	11,613	920,638
11	20,000	8,492	11,508	912,145
12	20,000	8,598	11,402	903,547
13	20,000	8,706	11,294	894,842
14	20,000	8,814	11,186	886,027
15	20,000	8,925	11,075	877,102
16	20,000	9,036	10,964	868,066
17	20,000	9,149	10,851	858,917
18	20,000	9,264	10,736	849,654
19	20,000	9,379	10,621	840,274
20	20,000	9,497	10,503	830,778
21	20,000	9,615	10,385	821,162
22	20,000	9,735	10,265	811,427
23	20,000	9,857	10,143	801,570
24	20,000	9,980	10,020	791,589
25	20,000	10,105	9,895	781,484
26	20,000	10,231	9,769	771,253
27	20,000	10,359	9,641	760,893

100万円のリボ払い最終回までの返済シミュレーションよ〜い、ドン!
パン
ハイッ
シュタッ!

年率15%　単位：円

返済回数	返済額	内訳		残高
		元金	利息	
28	20,000	10,489	9,511	750,405
29	20,000	10,620	9,380	739,785
30	20,000	10,753	9,247	729,032
31	20,000	10,887	9,113	718,145
32	20,000	11,023	8,977	707,122
33	20,000	11,161	8,839	695,961
34	20,000	11,300	8,700	684,660
35	20,000	11,442	8,558	673,218
36	20,000	11,585	8,415	661,634
37	20,000	11,730	8,270	649,904
38	20,000	11,876	8,124	638,028
39	20,000	12,025	7,975	626,003
40	20,000	12,175	7,825	613,828
41	20,000	12,327	7,673	601,501
42	20,000	12,481	7,519	589,020
43	20,000	12,637	7,363	576,383
44	20,000	12,795	7,205	563,587
45	20,000	12,955	7,045	550,632
46	20,000	13,117	6,883	537,515
47	20,000	13,281	6,719	524,234
48	20,000	13,447	6,553	510,787
49	20,000	13,615	6,385	497,172
50	20,000	13,785	6,215	483,387
51	20,000	13,958	6,042	469,429
52	20,000	14,132	5,868	455,297
53	20,000	14,309	5,691	440,988
54	20,000	14,488	5,512	426,500

いま2年半め……
利息がちょっと
減ってきた……

年率15%　単位：円

返済回数	返済額	元金	利息	残高
		内訳		
55	20,000	14,669	5,331	411,832
56	20,000	14,852	5,148	396,979
57	20,000	15,038	4,962	381,942
58	20,000	15,226	4,774	366,716
59	20,000	15,416	4,584	351,300
60	20,000	15,609	4,391	335,691
61	20,000	15,804	4,196	319,887
62	20,000	16,001	3,999	303,886
63	20,000	16,201	3,799	287,684
64	20,000	16,404	3,596	271,281
65	20,000	16,609	3,391	254,672
66	20,000	16,817	3,183	237,855
67	20,000	17,027	2,973	220,828
68	20,000	17,240	2,760	203,588
69	20,000	17,455	2,545	186,133
70	20,000	17,673	2,327	168,460
71	20,000	17,894	2,106	150,566
72	20,000	18,118	1,882	132,448
73	20,000	18,344	1,656	114,103
74	20,000	18,574	1,426	95,530
75	20,000	18,806	1,194	76,724
76	20,000	19,041	959	57,683
77	20,000	19,279	721	38,404
78	20,000	19,520	480	18,884
79	19,120	18,884	236	0
	1,579,120	**1,000,000**	**579,120**	
	返済総額	元金計	利息計	

返しつづけて
そろそろ
6年……
もうすぐ
ミソジ…

やっとゴール!!
借りたのは
100万円だったのに
160万円近く
返すことに
なった〜〜〜!!
なんじゃこりゃーっ

ここでクイズです。

100万円を借りて、月々 2万円ずつ返します。年率7.5%で借りるのと15%で借りるのでは、返済総額はどのくらい違《ちが》ってくるでしょう?

① 18万円くらい

② 28万円くらい

③ 38万円くらい

正解は③。

年率	返済回数	返済総額	
7.5%	61回	120万2770円	**37万6350円の差**
15%	79回	157万9120円	

かなりの差がつきますね。では、もう1問。

100万円を年率15%で借りました。返済回数が60回と30回では、返済総額はどのくらい違ってくるでしょう?

① 42万円くらい

② 22万円くらい

③ 12万円くらい

正解は②。これもかなりの差がつきます。

返済回数	月々の返済額	返済総額
30回	4万179円ほど	120万5370円
60回	2万3790円ほど	142万7400円

22万2030円の差

1回の返済額を少なくできるのが、リボ払いのメリット。返済回数を増やせば、1回の返済額は減ります。でも、1回の返済額が少なくなればなるほど元金は減らず、利息ばかりを払うことに。結果として、返済総額はふくれあがるんですね。

たとえば、下のような比率になります。

●1回の返済額とその内訳のイメージ

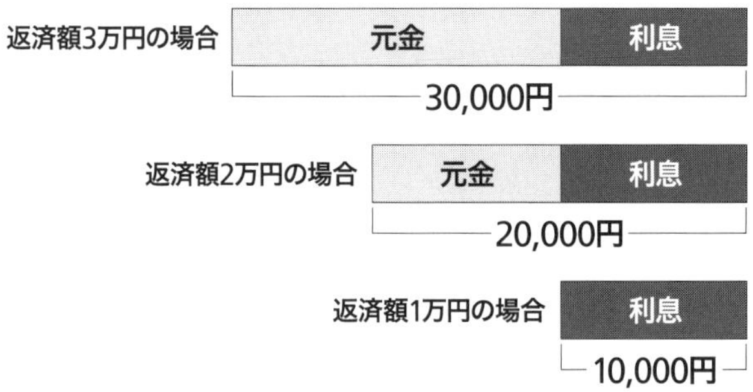

利息の計算方法

さて、ここまで何度も「年率」ということばが出てきました。年率とは、借りているお金にたいして1年間につく利息の率のこと。「年利」ともいいます。

クレジット会社や第3章で紹介《しょうかい》する消費者金融《きんゆう》会社でお金を借りるときは、多くの場合、つぎのような計算で利息額を出します。

1年分の利息（借金残高×年率）

利息＝借金残高×年率÷365日×利用日数

1日分の利息（借金残高×年率÷365日）

（借りた日はふくまない）（利用日数）

なんだかややこしいですね。ようするに、借りた日の翌日から支払日《しはらいび》までの日数分だけ利息がつくということです。

長期間で返す場合には、月に一度の返済をするのが一般的《いっぱんてき》です。その場合、借金残高（元金《がんきん》）にたいして、30日までの月は30日分の利息が、31日まである月は31日分の利息がつくことになるわけです。

1年分の利息

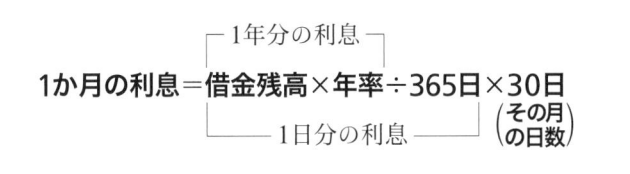

1か月の利息＝借金残高×年率÷365日×30日

1日分の利息

（その月の日数）

たとえば、年率15％で100万円借りた場合の返済1回目（残高100万円）の利息額は、こうなります。

30日の場合＝1,000,000×0.15÷365×30＝12,329円

31日の場合＝1,000,000×0.15÷365×31＝12,740円

この本の返済シミュレーションでは、わかりやすいように、1年分の利息を12か月で割って、月利で計算しています。（ここでは端数《はすう》四捨五入）

1年分の利息

1か月の利息＝借金残高×年率÷12か月

リボ払《ばら》いには種類がある

元利《がんり》定額方式

元金《がんきん》分と利息分をあわせた一定額を毎月支払う。この本で見てきた返済シミュレーションはこれ。

元金定額方式

毎月、元金を返済回数で割った一定額の元金分を支払い、それに上乗せして利息分を支払う。元金が確実に減るので、元利定額方式よりも早く完済できる。また、利息は元金の残高にかかるので、返済が進むにつれて毎月の返済額が少なくなる。

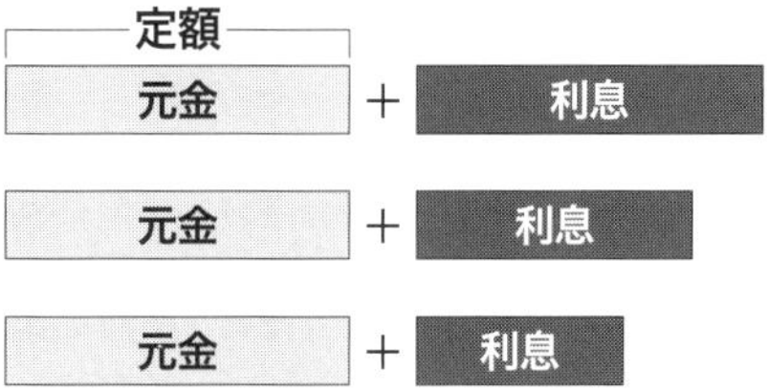

日本のクレジット会社のほとんどが、このどちらかの方法を使っています。会社によっては、利用者が選べることも。

残高スライド方式

借金の残高に応じて、段階的にきまった額を払う。たとえば、30万円を借りて、残高が20万～30万円の期間は毎月2万円を支払い、残高が20万円を切った時点から毎月1万円の支払いに移る、といったぐあい。

残高スライド方式は、元利定額方式や元金定額方式と組みあわせて使われる。

このほかに、毎月、残高に一定の掛《か》け率をかけた額を支払う、「定率方式」を使っているところもあります。

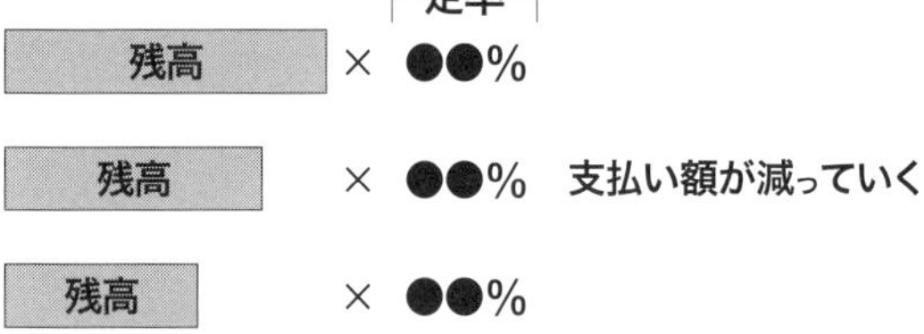

利息のしくみ、利率のトリック

リボ払《ばら》いだけじゃありません。利息のしくみを知らないと、とんでもないことになるケースもあります。

30万円を「月利3%」で借してくれるという。
これって高金利?　低金利?

① 高金利　　② 低金利

正解は①。月利3%といわれても、安いのか高いのか、よくわかりません。金利は年利（年率）にしてくらべてみること。これが大事なポイントです。

3%×12か月＝年利36%!　かなりの高金利です。

では、応用問題。

「1日のお利息、たったコーヒー 1杯《ぱい》分。いますぐ10万円貸します」というチラシ。気軽に借りられそうな気がします。
「1日のお利息」は300円だそうです。
さて、これは年利で何%?

まずは1日の利率を出してみましょう。

300円（利息）÷10万円（元金《がんきん》）＝0.003。1日の利率は0.3%です。

すごい低金利?　いえいえ、年利は365日分です。

0.3%×365日＝年利109.5%!

そう、「たったコーヒー1杯分」なんて、イメージのトリックなんですね。利率表示のトリックを知らないと、たいへんなことになりそうです。

●利息についての4つのポイント

・利率は「年利」（年率）にして比較《ひかく》する

・利率が低いほど
・返済期間が短いほど
・月々の返済額が多いほど
──支払い総額は少なくてすむ

でも、そもそもこうした利率って、いったいだれが、何にもとづいてきめているのでしょうか。何か基準があるのでしょうか。お金を貸すほうは利率が高いほどもうかるし、借りるほうは利率が低いほど助かりますが。

お金を貸す利率には、何か基準がある?

① 商品の値段のように、それぞれの会社が自由にきめられる

② 何％までという上限が、法律できまっている

③ 日銀（日本銀行）が、何％～何％と、金利の範《はん》囲《い》をきめている

正解は②。金利の上限が法律できめられています（「貸金業法」「利息制限法」「出資法」）。

あとでくわしく説明しますが、現在の法律にもとづく上限金利は以下のとおり。これを超《こ》える高金利は違《い》法《ほう》です。

元金が
10万円未満……年率20％
10万円以上100万円未満……年率18％
100万円以上……年率15％

もうひとつの利息――遅延《ちえん》損害金

担保・保証人	不要
遅延損害金（年率）	**20.00%**
必要書類	運転免許証・健康保険証等の写し

クレジットカードの申込書《もうしこみしょ》には、借り入れ利率とは別に、こんな項《こう》目《もく》がかならず入っている。これは、返済が遅《おく》れた場合のペナルティーのこと。

返済が遅れた場合、利用者はクレジット会社に賠償金《ばいしょうきん》を払《はら》わなければならない。ほとんどのカード会社が、会員規約でさだめている。遅延損害金の額は、延滞《えんたい》日数×その時点の残高×〈借り入れ利率の1.46倍までの掛《か》け率〉［**注**］とされ、掛け率はそれぞれのクレジット会社が決めている。

たとえば、1か月（30日）返済が遅れたときの残高が10万円で、遅延損害金の掛け率が年20%だとすれば、

30日×10万円×0.2÷365日＝1643.835で、1643円を支払うことになる。

このくらいなら少しくらい遅れてもだいじょうぶ、という油断は禁物。返済が何か月も滞《とどこお》る場合、「一括請求《いっかつせいきゅう》」をされることがある。一括請求とは、分割払いやリボ払いのような支払い期限の猶予《ゆうよ》を失って、その時点の残高を一度に請求されること。多くの人は、このときはじめて、利息でふくらんだ残高と直面することになる。そこに、遅延損害金が加わる。泣きっ面にハチというわけだ。

クレジットカードを利用するときは、利息込みで元金《がんきん》を確実に返せるかどうかはもちろん、遅延損害金の年率もチェックしておこう。

［**注**］銀行やクレジット会社など金融《きんゆう》機関からの借金の場合、遅延損害金の利率の上限は年率20%と法律でさだめられている。

クレジットカードと信用情報

えんえんと続く返済、困りますよね。つぎのような場合はどうでしょう。

クレジット会社がつぶれたら、残った支《し》払《はら》いや借金はチャラになる?

YES　それとも　NO?

正解はNO。クレジット会社がつぶれても、かならず経営をひきつぐ別の会社が現れます。残っていた支払いや借金も、そのままひきつがれ、消えることはありません。

新しい会社は、たくさんのお客さんと、その人についての「情報」を苦労なく手に入れることができるので、つぶれた会社をひきうけるといっても、けっこう利点が大きいのです。

では、こんな場合は?

3か月以上滞《たい》納《のう》したら、クレジットカードの利用を止められてしまいました。
別のクレジット会社に申し込《こ》めば、すぐまたカードをつくれる?

YES　それとも　NO?

正解はNOです。その会社の基準にもよりますが、審査《しんさ》に通るのはちょっとむずかしそうですね。というのも、返済しないままカードの利用が止められたことは、別のクレジット会社にもすぐにわかるしくみになっているからです。

クレジットカードの入会の申し込みをすると、かならず「個人信用情報機関」というところに登録されます。そして、カードをいつ、いくら分使ったか、約束どおり返済されているかなど、くわしい利用状況《じょうきょう》が記録されます。それが「信用情報」です。

新規の申し込みがあると、クレジット会社はこの機関に、申し込んだ人がこれまで問題を起こしていないかどうか、問いあわせて審査するのです。

ブラックリスト——借金情報は記録されている

クレジットカードだけでなく、銀行や消費者金融《きんゆう》会社からお金を借りたときも、このような信用情報機関に登録され、利用日・借り入れ額・返済期間・返済状況《じょうきょう》などが記録される。記録が残る期間は内容によってまちまちだが、自己破産などは最大で10年間、記録される。

信用情報機関は、銀行、クレジットカード会社、消費者金融会社など、業種ごとに別々に設置されているが、延滞《えんたい》や自己破産などについては、たがいに照合できるしくみになっている。それがいわゆる「ブラックリスト」とよばれるようになった。

2000年以降は、貸しすぎを防ぐため、ひとりあたりの総借り入れ残高など、「ブラック」以外の情報も共有されるようになった。自分の情報を見たい場合には、開示請求《せいきゅう》ができる。

あぶないカード犯罪

クレジットカードを人に貸して使われてしまった場合、その支《し》払《はら》い義務は、カードの持ち主にあります。

そもそも、人から「貸して」と言われても、貸してはいけない、本人しか使えないというのが、クレジットカードのルール。カードの会員規約にしっかり書いてあります。親しい人どうしでも、クレジットカードの貸し借りはナシ。

お店も、クレジット会社も、あなたのカードをほんとうにあなた自身が使ったかどうか、確かめるのはむずかしいですよね。知らないあいだに自分のカードを使われていたら……。

そんなクレジットカードの不正使用による被《ひ》害《がい》は、1年間で総額92億円以上にのぼっています（2010年データ）。

紛失《ふんしつ》・盗難《とうなん》

紛失や盗難に気づいたら、大急ぎでクレジット会社に連絡《れんらく》をして、カード利用をストップ！　警察にも「紛失・盗難届け」を出します。連絡をしないままカードを悪用された場合、とんでもない金額の被害にあうかもしれません。

クレジット会社は、紛失や盗難、不正使用被害の連絡を24時間・年中無休で受けつけています。そのくらい重要なことなんです。

スキミング

偽造《ぎぞう》カード犯罪の代表が、スキミング。カード自体を盗《ぬす》むのではなく、スキマーとよばれる小さな機械で、こっそりカードの磁《じ》気《き》情報を読みとる手口。店のカード読みとり機にスキマーがしこんであれば、カード払いの清算時に情報を盗まれてしまいます。盗んだ情報は新品カードに書き込んで、元のカードと「中身が同じ」偽造カードをつくるのです（別のカードに上書きすることも）。カードがなくなるわけではないので発覚が遅《おく》れ、現場をつきとめるのが困難。海外旅行先で被害にあうケースもあります。

毎月、明細書をチェックし、使ったおぼえのない記録があれば、すぐにクレジット会社と警察に届けを出します。

フィッシング

　インターネットを利用したフィッシングという手口にも要注意。銀行や販《はん》売《ばい》サイトなどになりすましてパソコンや携《けい》帯《たい》電話にメールを送り、「あなたのカードが不正使用されています」「システム改定のため再登録が必要です」などといって、リンクしてある偽造サイト（URLも見た目も本物そっくり!）へ誘《さそ》い込《こ》みます。

　そこで、銀行口座番号やクレジットカード番号、パスワードなどの個人情報を打ち込ませ、不正使用するのです。また、そうした情報を盗むためのソフト（スパイウェア）を勝手にインストールさせるウェブサイトもあります。

　とにかく、あやしいメールには注意し、すぐに返信してはダメ。まずは電話で問いあわせましょう。

名義貸し

クレジットカードそのものを貸すことに加えて、「名義貸し」が問題になっている。名義貸しとは、人のかわりにクレジット会社と契約《けいやく》をして、自分名義のカードを発行すること。カードは自分ではなく、その相手が使う。

もちろん、名義を貸しただけで自分はカードを使っていないから、だいじょうぶ、ということにはならない。カードを利用した人の返済が滞《とどこお》ったりすれば、督促《とくそく》を受けるのはカードの名義人である自分、返済をしなければならないのも自分だ。

名義を借りようとする人は、ブラックリストに載《の》っていて自分の名義ではクレジットカードをつくれないなど、借金問題をかかえている場合が多い。借金を返すために、他人名義のクレジットカードであらたな借金を重ねる可能性もある。

「ぜったいに迷惑《めいわく》はかけないから」と頼《たの》まれて名義を貸したところ、多額の借金を肩《かた》代わりすることになって自己破産に追い込《こ》まれてしまう、というケースもめずらしくはない。

さらに、「名義を貸すだけで10万円の高収入アルバイト」といった誘《さそ》い文句で、大学生など若者をだます詐欺《さぎ》も広がっている。まず、カードをつくらせ、「バイト代は後日振《ふ》り込《こ》むから」といってそれを受けとる。限度額まで利用したあげく、返済は名義人本人にさせる。被害者《ひがいしゃ》には、バイト代も支払《しはら》われず、多額の借金だけが残ることになる。「名義貸し詐欺」とよばれ、クレジットカードのほかにも、携帯電話やカードローンなど、さまざまな契約で名義貸しをさせる手口がある。

使った気がしないお金

クレジットカード以外にも、たくさんのカードがありますよね。交通機関で使えるカード、銀行のキャッシュカード、コンビニで使えるプリペイドカード、量販店《りょうはんてん》の会員カードなどなど。

ためたポイントをお金がわりに使える、「ポイント還元《かんげん》」の得点がついたカードもたくさんあります。ポイントがつくと、なんだか得した気分がしますね。では、ここでクイズです。

「20%ポイント還元」と「18%引き」は、どちらがお得?

① 20%ポイント還元

② 18%引き

20%ポイント還元って、20%引きのことじゃないの? と思った人も多いかもしれません。でも、正解は②。

1万円の買い物をしたとします。

20%のポイントがつくと、それで2000円分の買い物ができます。これは、1万円で1万2000円分の商品を買うのと同じこと。つまり、

1万円÷1万2000円=83.333……%=じつは約16.7%引き

「18%引き」のほうが、安い買い物なんですね。

カードはいまや、どんどん進化しています。

たとえば、JRのSuica《スイカ》やICOCA《イコカ》。JRや地下鉄の改札で自動清算できて便利だと思っていたら、提携するお店でピッとかざして買い物もできるようになりました。チャージ金額が不足しても、自動的にお金を補充《ほじゅう》してくれるサービスもあります。

ICカードなどの情報を電波で読みとって支払《しはら》いをすることができる、こうしたしくみを「電子マネー」といいます。携帯《けいたい》電話の「おサイフケータイ」機能、あれも電子マネーです。

最近では、こうした電子マネーのしくみを使ったクレジットカードも登場しています。

これまで、クレジットカードで支払いをするときには、署名や暗証番号入力などの本人確認に時間をとられることがありましたが、このカードなら機械にかざすだけで支払い（借金）ができます。

いつでもどこでも、ピッとかざして支払いがすめば、とっても便利。その反面、じっさいに「お金を使った」という実感はなくなりがちです。

「使った気がしないお金」とどううまくつきあっていくか、ぜひみなさんも考えてみてください。

第3章

身近な借金「消費者ローン」

消費者ローンって、なに?

がんばるアナタを
応《おう》援《えん》します!
♪あした～の
チョビット
chobit
6.5%～20.0%ご融資額：1～300万円
ご契約内容をよくご確認ください。
収入と支出のバランスを大事に。
無理のないご返済計画を。
計画的な
ご利用を!
♪あした～の
チョビット
ってかー
アナタの
ためにの♡
なんでも
ご相談
くださいね!
頼れるあなたのマネーアドバイザー
フロミズ
安心の
この女性社員役の子
カワイイ～
はじめての方や
女性でも安心・便利!
テイクなら60日間無利息!
テイク
レディースローン
はじめました
へー
レディースローンって
いうのがあるんだー

いまや気軽にカードでお金が借りられる時代。まちかどで、銀行で、コンビニで、ATMで、だれにも気がねなく、ササッとお金が借りられます。

クレジット会社や消費者金《きん》融《ゆう》会社をはじめ、銀行系のカードローン会社に銀行本体——。いずれもカードを発行し、個人向けにお金を貸しています。

申し込みが比《ひ》較《かく》的《てき》簡単で、個人を相手にした、こうしたお金の貸し出しのことを「消費者金融」とか「消費者ローン」といいます。

ここでクイズです。

全国で1日平均いくらくらいのお金が、消費者ローンで借りられている?

① 約3億5000万円

② 約35億円

③ 約350億円

答えは③。1日平均・約345億円、1時間に14億円が、日本中のATM、あるいは店頭で、貸し出されている計算になります。

1年で12兆5978億円ものお金が、こうした消費者ローンで、個人向けに貸し出されているのです。

そのなかでトップを争っているのが、クレジットカードのキャッシング（1年で4兆7514億円）と消費者金融会社（4兆1670億円）です。（2009年信用供《きょう》与《よ》額《がく》：日本クレジット協会）

では、いったいどのくらいの人が、消費者ローンを利用しているのでしょうか。

消費者ローンの利用者は、どのくらい?
20歳《さい》以上の日本の人口の

① 7人に1人の割合（約1500万人）

② 17人に1人の割合（約600万人）

③ 70人に1人の割合（約150万人）

答えは①。1455万人。20歳以上の人口（1億500万人）の、7.2人に1人の割合です（2011年1月末現在のデータ）。

しかもこれは、日本信用情報機構に加盟している会社のみの利用者数です。加盟しているのは大手の貸金業者が中心で、数としては貸金業全体の1、2割といいますから、じっさいの消費者ローンの利用者はもっと多いと見込《みこ》まれます。

ここからは、じっさいにカードローンを利用しているマサヒコくんに登場してもらって、「身近な借金」について知っていきましょう。

思わぬ出費がきっかけに

マサヒコくん（30歳《さい》）は
小さな劇団で役者をしています
劇団はソコソコ人気があるものの
公演だけで食べて
いけるほどではなく
バイトをしながら暮らしていました
ほっといて
ひと月の平均収入は
10万～13万円くらいです
・毎月のバイト代→13万円
（公演の前後だと→8万円）
・公演の収入（3か月に1回）
→0円～3万円
今月もシブイ…
ニャーッ
そんなある日……
東京で公演?!
わあっ
いよいよ
東京進出か!
しかし、その準備に
いろいろ物入りで……
1000円
ウソっ、手持ちが
1000円だけっ ?!
バイト代が入るのは
10日後……
あいつらから
借りるんは無理やし
……　どうしよ……?
ニャー
そんなとき
chobit チョビット
無人契約
コーナー
おっ、これテレビで
見たことあるでー
こんなんでホンマにお金
借りられるんかいな?

お金を借りるまで

思わぬ出費でピンチのマサヒコくん。カードローンを使うことにしました。さて、無人契約機《けいやくき》のまえに立ち、いよいよ申し込《こ》みです。どんな手続きがあるのでしょうか?

❶個室に置いてある申し込み用紙に、職種や年収、勤務年数、希望利用限度額など必要事項《じこう》を書き、読みとり機でスキャンしてチョビットのセンターに送る。給与《きゅうよ》明細書と運転免許証《めんきょしょう》もスキャン送信。

❷数分後、その場にある電話にセンターから電話がくる。

❸簡単な質疑応答。数分後にまた電話がかかってくる。

審査《しんさ》のあいだ、勤務先に匿名《とくめい》で連絡《れんらく》がいき、たしかにそこで働いているか確認される。

❹数日後、カードが送られてくる。

マサヒコくんはUSO銀行のATMで、
カードを入れ暗証番号を入力し、
5万円をゲット。

引き出しには数百円の手数料がかかった。

銀行の指定口座に振《ふ》り込んでもらう方法を選べば、審査通過当日にお金が借りられる会社や、申し込みの場でカードが発行される契約機もあると、その後、マサヒコくんは知りました。

カードローンのしくみ

つぎに、カードローンのしくみを見てみましょう。ちょっとわかりにくいかもしれませんが、銀行の預金通帳をイメージしながら考えれば簡単です（利用額は一例です）。

まず、契約《けいやく》する額（極度額）と月々の最低返済額を決める。

↓

極度額を上限として、返済能力などをもとに計算された利用限度額、たとえば40万円が入った「口座」ができる。
口座にお金があるだけなら金利は発生しない。

↓

限度額内で必要なお金を引き出す。5万円引き出した場合、利用可能な額は35万円に減る。

↓

月末に、その月に借りた分＋日数分の利息を返済して完済。
利用可能額は40万円に復活。

↓

翌月は10万円を引き出し。同じ月にまた10万円を引き出して利用可能額は20万円に。

↓

月末。余裕《よゆう》がないので最低返済額1万円を返済。利用可能額は21万円弱（利息を引かれるので）に復活。

……続く。

引き出しては入れて、引き出しては入れて……。なんだか自分の預金口座みたいです。でも、要注意。引き出しているのは借金で、入金しているのはその返済なんですね。

払《はら》えなかったらどうなる?

何回目かの返済日、マサヒコくんはうっかり入金を忘れました。すると、

翌日、チョビットからメールが送られてきた。

あわてて入金。1日分の遅延《ちえん》損害金をとられた。

数日後、口座は復活した。

返済が遅《おく》れても、すぐに入金すれば、引き出しは再開できるようです。ただし、遅延損害金が発生するほか、個人信用情報機関に情報が提供されたり、利用限度額が減らされたりすることもあります。

では、ゆとりがなくてすぐに返済できない場合は、どうなるのでしょうか?

●1、2週間遅れると……

ほぼ毎日、電話やメールがあり、さらに「催告書《さいこくしょ》」や「督促状《とくそくじょう》」などの手紙が届くようになる。

●1、2か月遅れると……

内容証明郵便や電報が送られてくるようになる。1か月に1度か2度、自宅を訪問される場合もある。

●さらに遅れると……

これまでの催促が続き、最終的には一括《いっかつ》返済を請求《せいきゅう》されることに。

●それでも払わないと……

裁判を起こされる。負けると、給《きゅう》与《よ》や貯金や家などの差し押《お》さえを受ける。

最悪の場合、財産を強制的にとりあげられてしまいます。

「限度額、増やせます」

その後、マサヒコくんの劇団は、しだいに東京でも実力が認められ、マサヒコくんにも、テレビドラマのチョイ役などの出演依《い》頼《らい》がくるようになりました。また、警備会社のアルバイトを始め、これまでより多くのお金を毎月稼《かせ》げるようになりました。おかげで、1回滞納《たいのう》したあとは順調に借金を返しつづけ、3年間で完済することができました。

そこで、チョビットに電話すると……。

契約は、自動更新《こうしん》となるところが多いので、解約しなければ延々と借りては返すをくり返すことになります。まさに「リボ払《ばら》い」のしくみですね。しかも、借金とはいえ口座にポン、と利用可能なお金が入るので、預金を引き出す感覚で使ってしまいがち。

貸す側にとって利益をもたらしてくれる客は、一括《いっかつ》でドンと返してくれる利用者ではありません。最低限度額ぎりぎりの返済を末永く続けてくれる利用者です。だから完済できそうな利用者には「限度額の増額」など親切な提案をして、利用を続けてもらいたい。借りる側にとって親切に思える申し出は、じつは貸す側にとって大きなメリットのあるものだったんですね。

借金いろいろ、利率もいろいろ

マサヒコくんは、たまたま目にとまった消費者金融《きんゆう》会社のカードローンでお金を借りました。でも、お金を借りる方法はまだいろいろとあります。

さて、友人と沖縄《おきなわ》旅行を計画。予算は10万円です。ところが手持ちのお金がありません。この10万円、あなたはどう借りる?

●家族や知りあいから借りる:祖父母に泣きついて、無利子で借りた→月々 5000円の支払《しはら》い。1年8か月で完済

●銀行などの金融機関から借りる(預金あり):将来の夢のための定期預金から借り入れ→年率0.7%・月に5000円ためて1年8か月後に返済

●銀行のカードローンで借りる：借り方も返し方も消費者金融のカードローンとほとんど同じ。その銀行の口座がなくても借りられた→年率14%・月々5000円のリボ払い。1年11か月で完済

●クレジットカードのキャッシングや消費者金融《きんゆう》のカードローンで借りる

クレカ：高校卒業後につくったクレジットカードで借りた

消費者金融会社：健康保険証と給与《きゅうよ》明細だけですぐ借りられた

→ともに年率18%・月々5000円のリボ払い。2年で完済

ひとくちに借金といっても、いろいろですよね。この5人の場合、同じ10万円の借金・月5000円の返済（あるいは積み立て）でも、利率が違《ちが》うので、返済総額は10万円から11万7670円までと差ができます。

お金を借りる方法によって、なぜ利率が違うのでしょう？

たとえば、住宅ローンや車のローンを支払っている、といったことが、みなさんの身近なところにもあると思います。これも借金のひとつです。さまざまなローンとそのおもな年率は、こんな感じ。

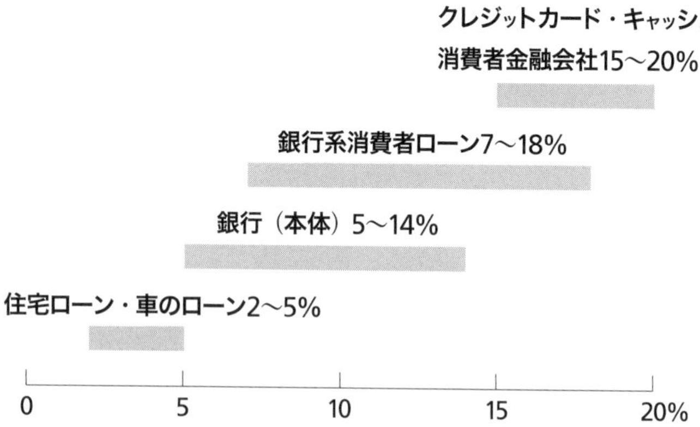

（2011年3月現在。用途《ようと》や目的、借りる人によって利率がさまざま）

利率は「信用度」で決まる

利率は、基本的に「返済の信頼度《しんらいど》」「信用」によってきまります。

たとえば、さっき見たように、銀行などの金融《きんゆう》機関では、自分の預金額の範囲内《はんいない》で、低利率でお金が借りられたりします。もし返せない場合には、預金から返済することになります。だから、貸す側にとっては、お金を返してもらえない危険度（リスク）がぐっと減ります。

このように、借金をするとき、その保証として貸し手に提供するものを「担保」といいます。貸す側からいうと、貸したお金を確実に回収するために確保しておくもの。それが担保です。

住宅ローンも同じです。買った家を担保として借りるのです。お金が返せない場合には、家が差し押《お》さえられてしまいます。

「連帯保証人」ということばを聞いたことがありませんか。「借金する人はちゃんと返す人ですよ、もし本人が返せない場合、かわりにわたしがその責任を負いますよ」ということを保証する人、なのです。だからこれも、担保のようなものですね。

消費者金融会社からの借金も、クレジットカードのキャッシングも、無担保でお金が借りられます（審査《しんさ》のあり方は会社によってまちまちです）。どれも手軽に借りられるのとひきかえに、利率が高くなっているのです。

「担保不要」「保証人不要」の借金は、かならず利率が高めです。

●信用度と利率の関係

高い
信用度
低い
低い
利率
高い
自分の預金がある銀行から借りるとき
銀
返せない場合は預金から返してもらいますよ
預金
←担保
はい!
住宅ローンを組むとき
銀
返せない場合はあなたが買った家をもらいますよ
担保
はい!
連帯保証人
わたしが返せないときはこの人が返します
ハンコ
担保
わかりました
消費者ローンから借りるとき
給与明細
健康保険証
はい、本人確認と収入の審査、OKです!担保も保証人もいりません!
ME

ちょっとこのデータを見てください。国民生活センターがおこなった「多重債務《さいむ》に関する調査」（2006年6月発表）の結果です。

●借り入れ先をきめた理由（複数回答）

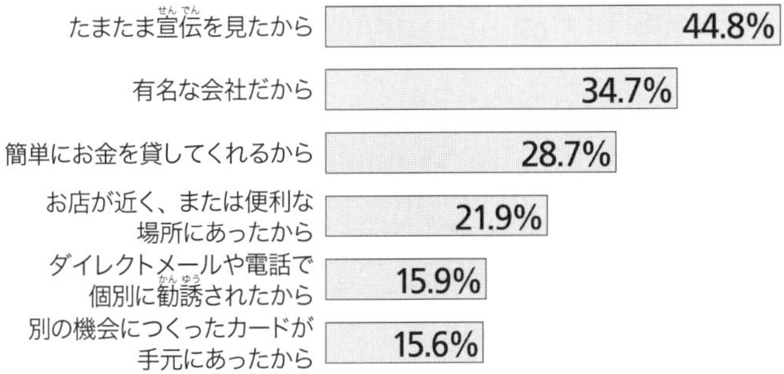

●借り入れをきめた宣伝の種類（複数回答）

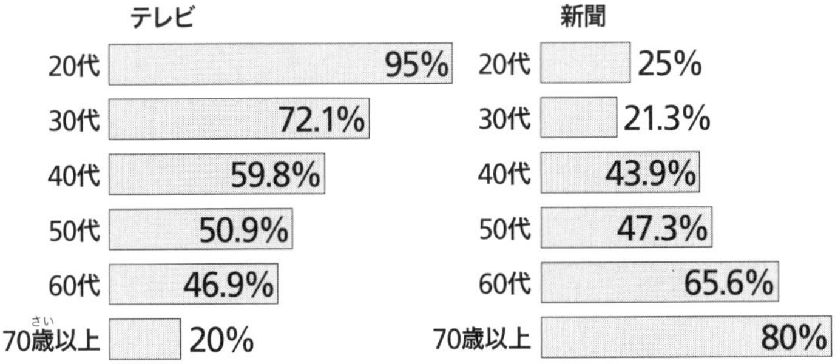

ここからみえてくるのは、多くの人が、テレビCMや新聞広告などで宣伝をしていて、有名で、簡単にお金を貸してくれるところを借り入れ先として選んでいるということです。

この借り入れ先こそ、この章で見てきた消費者ローンなんですね。でも、無担保・無保証で借りやすいお金ほど、いちばん高くつく借金なのでした。

グレーゾーンって、なに?

「グレーゾーン」ということばを耳にしたことがありますか?

消費者金融《きんゆう》会社の倒産《とうさん》のニュースには、かならず登場するキーワードです。いったい、なんのことなんでしょう?

消費者ローンは、お金を貸すときの利息で成り立っている商売。貸し出し利率が高ければ高いほど、もうかるしくみです。だったら14%とか18%とかじゃなく、30%、40%と金利を上げればもっともっともうかるのに、と思いますね。でも、そうなっていません。上限金利が法律でさだめられているからです。

じつは、2010年まで、日本には「利息制限法」と「出資法」というふたつの法律が、それぞれ別の上限金利をさだめていました。そのため、こっちの法律からみると違法《いほう》(黒)、こっちの法律からみると合法(白)、というあいまいな領域があったのです。これがグレーゾーンです。

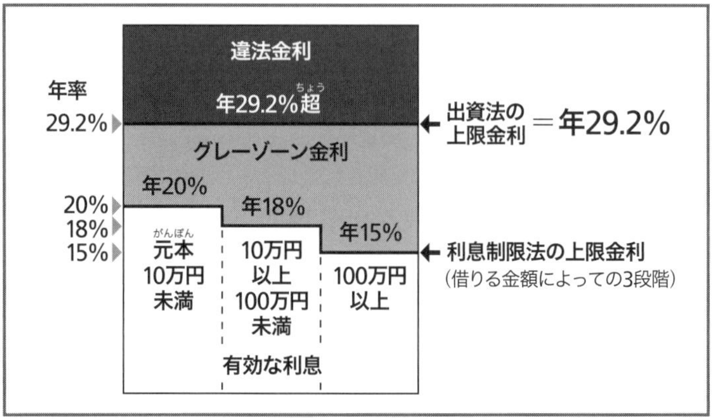

出資法は、違反するときびしい罰則《ばっそく》がある刑事法《けいじほう》ですが、利息制限法は、違反しても罰則がない民事法です。そのため消費者ローン各社ではかつて、29.2%ギリギリのグレーゾーン金利でお金を貸してきました。100万円以上の貸し出しだと、いまの上限金利15%の2倍近くの利息をとっていたんです。

ちなみに、大手消費者金融会社は、資金を銀行など金融機関から、年2%くらいの利率で借りています。2%で集めたお金を15倍近くの29.2%で貸し出して、大きな利益を生んでいました。

消費者金融会社が全盛期を迎《むか》えていた2005年の長者番付を見てみましょう。

国内長者番付（2005年）

順位	役職	資産
1位	サントリー会長	6380億円
2位	**アイフル社長**	**6160億円**
3位	**武富士《たけふじ》元会長**	**6050億円**
4位	元衆議員議員	5390億円
5位	SANKYO会長	5170億円
5位	**アコム会長**	**5170億円**
7位	岩崎《いわさき》産業会長	4840億円
8位	ソフトバンク社長	4730億円
9位	コクド元社長	4070億円
10位	森トラスト社長	3520億円
	……………	
17位	**プロミス創業者**	**2420億円**

（アメリカ経済誌『フォーブス』調べ）

トップ10のうち3人が消費者金融関係者、17位にも入っています。

グレーゾーン金利撤廃《てっぱい》!

ところが、この翌年の2006年、消費者金融《きんゆう》会社の強引な取り立てが明るみに出たり、高い金利が問題視されるようになったりしたことから、状況《じょうきょう》が一転、2006年12月に「貸金業法《かしきんぎょうほう》」が成立しました。

貸金業法は、一定の条件を満たす場合にグレーゾーン金利を認めていた「貸金業規制法」を大幅《おおはば》に改正した法律です。2010年6月18日の完全施行《しこう》によって、出資法の上限金利が年率29.2%から20%に引き下げられ、グレーゾーン金利はなくなりました。現在の金利制度はつぎのようになっています。

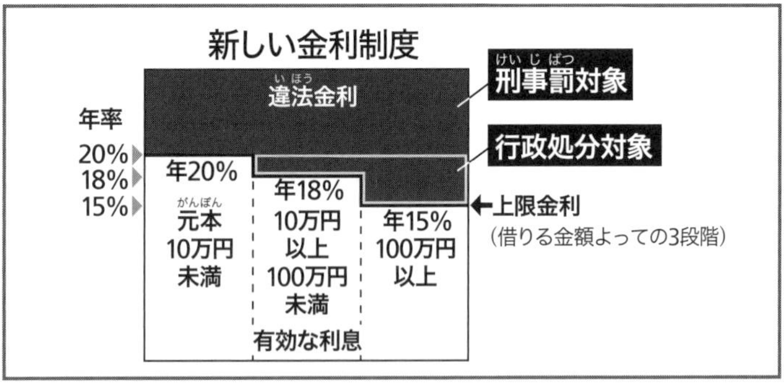

たとえば、50万円を年率20%で貸せば違法です。これまでの利息制限法の上限金利違反では罰せられなかったケースですが、いまは貸金業登録の取り消しなどの行政処分の対象となります。そして、借金額がいくらでも、20%を超《こ》える利息をとったら、懲役《ちょうえき》や罰金などの刑事罰《けいじばつ》を受けることになりました[**注**]。

[**注**] 貸金業法施行前の契約《けいやく》については責任を問われない。

じつは、出資法の上限金利の引き下げは、これまでにも何度かおこなわれてきました。ここでクイズです。

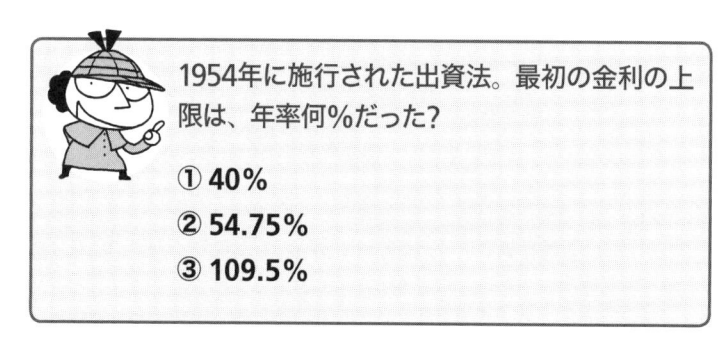

1954年に施行された出資法。最初の金利の上限は、年率何%だった?

① 40%

② 54.75%

③ 109.5%

正解は③。なんと109.5%でした。元金《がんきん》よりも多くの利息をとられることもあったんです。これが1983年に73%となり、その後、54.75%（1986年）、40.004%（1991年）、29.2%（2000年）、そして20%（2010年）と、段階的に引き下げられていったのです。

100万円を
年率109.5%で借りると〜?
1回目の利息は〜
……
利息だけで
9万円以上?!
1,095÷12×100万=91,250
ゴハッ
パチ
パチ

「サラ金」から消費者金融《きんゆう》へ

いまから20年くらいまえまで、消費者金融は「サラリーマン金融」、略して「サラ金」とよばれていました。理由は、サラリーマンをおもなお客にしていたから。

サラ金の起源は1960年代、団地に住むサラリーマン家庭にお金を貸した「団地金融」といわれています。1970年代なかばから80年代はじめにかけて、サラ金の借金が原因の一家心中、自殺、夜逃げなどがたくさん起こり、大きな社会問題になりました。

① 高金利
② 支払《しはら》い能力を超《こ》える過剰《かじょう》な貸し付け
③ 暴力的・脅迫的《きょうはくてき》な取り立て

がその要因で、「サラ金地獄《じごく》」とよばれました。

それを受けて1983年に法律が改正され、出資法の上限金利が大きく引き下げられることになりました。

「サラ金」のイメージがとても悪くなったため、業界ではイメージアップをはかって「消費者金融」というよび方をおし進め、サラリーマンだけでなく、女性や自営業者、若い世代の利用も増えていきました。

90年代なかば、大手消費者金融会社は一部上場企業《きぎょう》となり、だれもが知る有名企業の仲間入りをはたしました。

奨《しょう》学《がく》金《きん》もローン？

大学に進学したいけど経済的に苦しい。そんなときの強い味方が「奨学金」。じつに学部生の4割、大学院生の6割が利用している身近な制度です（日本学生支援《しえん》機構「平成20年度学生生活調査」）。

でも、日本の奨学金のほとんどは、返さなければならない貸《たい》与《よ》型《がた》、つまりローンです。「身近なローン」としての奨学金をクローズアップしてみましょう。

奨《しょう》学《がく》金《きん》のしくみ

そもそも、奨学金って、どんなしくみなんでしょう？　奨学金を受けている人の75％が利用している日本学生支《し》援《えん》機構（旧・日本育英会）の制度を例に見てみましょう。

タイキくんはそれから一念発起して猛然《もうぜん》と勉強をはじめ、成績が急上昇《きゅうじょうしょう》。学校の推薦《すいせん》をもらって、奨学金を申し込《こ》むことにしました。

その結果、年収基準と成績基準をクリアして、有利子の第二種奨学金を受けられることになりました。

●ポイント1――奨学金には利子がつくものとつかないものがある。
第一種奨学金……無利子
第二種奨学金……上限年率3%の金利がつく。返済は元利《がんり》定額方式。在学中に返す場合は無利子。

●ポイント2――採用されるには基準がある。
成績が一定の基準以上（成績表や論文などで判断される）。
親の年収（大学院は本人または配偶者《はいぐうしゃ》の年収）が一定の基準以下。
※第二種のほうが審査《しんさ》がやさしい。

●ポイント3――返済が遅《おく》れた場合のための保証が必要。
連帯保証人と保証人を立てるか、保証機関の保証を受ける必要がある（この場合、毎月の奨学金のなかから、保証料として一定額を支《し》払《はら》う）。

タイキくんの場合、保証は保証機関に依頼《いらい》しました。

第二種奨学金は、3万円・5万円・8万円・10万円・12万円のなかから毎月の受けとり額を選びます。タイキくんは、奨学金で1年分の学費50万円を払い、生活費はアルバイトでやりくりすることにして、月5万円のコースを選びました。保証機関への支払い額2000円ほどを引いた約4万8000円の受給です。

そして4年後、無事に大学を卒業。6か月の猶《ゆう》予《よ》期間のあと、いよいよ奨学金の返済スタートです。

まず、4年間で借りた額を確認してみましょう。

月額5万円×48か月＝240万円

4年にわたって借りつづけたので当然といえば当然ですが、ものすごい額になっています。これを年率3%、毎月1万6769円×180回払いの元利定額方式で返していくと、

返済総額は、なんと、301万8568円にもなります。

覚悟《かくご》していたとはいえ、大学を卒業したばかりで収入も少ない新社会人にとって、数百万円もの借金は、かなりきびしい負担です。もう少し、なんとかならないんでしょうか。

2010年4月に日本学生支援機構が公表したデータによると、2008年度末の時点で、奨学金の返済義務がある人は、253万8000人。

このうち31万人が、返済を滞納《たいのう》しているといいます。8人に1人という高い割合です。

機構では、滞納を防ぐためにさまざまな方法をとっています。

年率10%の延滞金、一括《いっかつ》返済の請求《せいきゅう》、個人信用情報機関への滞納情報の提供などです。消費者金融会社と同様ですね。

でも、滞納者のうち、正社員として働いている人は3割程度。延滞の理由としては、「低所得」が4割にのぼっています（上の機構発表より）。

滞納の背景には貧困問題があることから、「貸与型《たいよがた》」ではなく「給付型」の奨学金制度を充実《じゅうじつ》させるべきだ、という声も高まっています。

このあとは、知っておくと役に立つ、奨学金の返済免除《めんじょ》や返還《へんかん》期限猶予《きげんゆうよ》の手続きについてみていきましょう。

知っておくと便利。奨学金《しょうがくきん》お役立ち情報

●成績によって返済免除《めんじょ》になることがある――Aさんの場合

大学院の修士課程から奨学金を受けはじめたAさん（30歳《さい》）は、いま、博士課程に在籍《ざいせき》しています。日本学生支援《しえん》機構の第一種奨学金を受けています。大学院生への貸与額《たいよがく》は学部生よりも高額で助かりますが、そのぶん返済もきつくなります。

修士課程（2年）は貸与月額8万8000円で、返済総額は211万2000円、博士課程（3年）は貸与月額12万2000円で、返済総額は439万2000円、合計すると650万4000円というとんでもない額になります。

ところが、修士課程の奨学金は返さずにすんだ、とAさん。

じつは、日本学生支援機構の第一種奨学金には、とくにすぐれた業績をあげた大学院生を対象に、返済を全額免除もしくは半額免除する制度があります。Aさんは全額免除の認定を受けることできたのです。

「博士号を取得しても、就職先があるのかもわからない。もし就職できたとしても、何百万円ものお金を確実に返せるという見通しもない。博士課程の奨学金も全額免除になるように、がんばっていかないと」

不況《ふきょう》のいま、Aさんの願いは切実です。

●返済を先送りできる「返還期限猶予《へんかんきげんゆうよ》」制度を使う

大学を卒業しても就職先が決まらない、あるいは就職したものの、収入が少なかったり、失業や病気などで収入がなくなってしまったりしたときに使えるのが、「返還期限猶予」制度です。

日本学生支援機構に必要書類を提出して審査が通れば、奨学金の返済を先送りすることができます。

猶予の期間は最大で通算5年間、災害や病気・ケガなど特別な事情がある場合には、それ以上の猶予が認められます。そのあいだは延滞金も発生しません。

審査があるので、かならず認められるものではありませんが、必要なときは申請してみましょう。

［注］**収入の基準**……給与所得者は年収300万円以下（税込み）、自営業者は年間所得（必要経費などの控除後）200万円以下が、ひとつの目安とされている。

●給付型奨学金もある——Bさんの場合

Bさん（32歳）は大学時代、日本学生支援機構の第一種奨学金とともに、もうひとつ、地元のスーパーの奨学金も受けていました。

これは、地元の高校生の大学進学を支援するためにつくられた奨学金で、大学在学中、毎月3万円が給付されるものでした。給付なので返す必要がなく、とてもありがたかったとBさんは言います。

貸与型とくらべて数は少ないものの、民間企《き》業《ぎょう》・地方自治体・大学・NPOなど、さまざまなところが給付型奨学金制度をもうけています。Bさんが受けていたのは、地域の民間企業によるものです。

新聞配達のアルバイトをしながら給料とはべつに奨学金をもらえる新聞奨学生制度も、多くの学生が利用しています。

第4章

借金が返せない

多重債《さい》務《む》って、なに?

あ、ママ うん元気
えーっ 蒲田《かまた》のおじさんが、多重債務で 自己破産?!
アイちゃん ヤキトリ 食うかー?!
なにそれ マジで?!
説明しよう! 多重債務というのは いくつもの業者から お金を借りていて 返済がほとんどムリな 状態になっていること
そして 自己破産というのは
借りたお金を 返すことができません
と、自分から破産を 願いでることです
あのやさしい おじさんが なんで〜〜〜?!
ワッハッハ
アイちゃん ビール飲も ビール!
チバ探偵《たんてい》、なんとか ならないんすか?
まあまあ落ち着いて めずらしいことじゃ ないんですよ
バタバタ
ハ…… ハメツだ〜

ある調査によると、消費者ローンの利用者1455万人の、3.2人に1人（451万人）が3か月以上、返済がとどこおっているそうです。驚《おどろ》くことに、5社以上からお金を借りている人が75万人もいて、その人たちの平均残高は、およそ210万円だというのです（2011年1月末現在、日本信用情報機構調べ）。

それにしても、どうしてそんなにたくさんの人が、多重債務におちいってしまうのでしょうか。4社も5社もの消費者ローンから借金してしまうって、いったいなぜ……？

お金の使いすぎが原因なのでしょうか。ひとつの例をみてみましょう。

ユウタくんって
青年がいてね
高校を卒業したあと
親元を離れて
派《は》遣《けん》社員として
働きはじめたんだ
カタ カタ カタ カタ カタ
カタ カタ カタ カタ カタ カタ
H-71
H-72
でも、慣れない仕事と連日の残業で
体調をくずしてしまった
うう～っ ダメだ
起きあがれない…
薬
水
すいません
きょうも お休み
させてください
病院に行ったら
休養が必要だといわれて
仕事はしかたなくそのまま辞めた
ゆっくり休んで
くださいね
ハイ、お大事に
ハァ…
そのうち体調は戻《もど》ったけれど
つぎの就職先は見つからない
貯金もすぐに底をついて
バイトで食いつないだ
おべんと
あたため
ますか？
でも毎月どうしても生活費が
足りなくなるので、足りない分は
カードで借りてしのいでいた
かなり
きりつめてるん
だけどなー

とはいえ、慢性的《まんせいてき》に金欠なので
そのうち返す金額より
借りる金額のほうが多くなって
とうとう借り入れ限度額いっぱいまで
借りてしまった!
かっ 借りれない?!
もう毎月の返済もできないし
家賃も滞納《たいのう》している
もうすぐケータイも
止められる……
どうしよう
どうしよう
60日間
無利息!
テイク
——そんなとき CMで見た消費者金融《きんゆう》の看板が目にとまったんだ

このあとユウタくんは、多重債務におちいっていくことになります。こんな身近なきっかけからだなんて、どうもピンときませんね。しかも、75万人もの人が多重債務者だといいます。どういうことなんでしょうか?

疑問をとくために、多重債務問題を扱う弁護士さんに話を聞いてみましょう。

たずねるのは、一貫してこの問題に取り組み、日本弁護士連合会（日弁連）の「多重債務対策本部」本部長代行もつとめた、宇《う》都宮健児《つのみやけんじ》弁護士です。

宇都宮《うつのみや》弁護士をたずねる

東京・銀座。とある小さなビルのエレベーターを降りると、目の前に法律事務所のドアがあります。何人もの弁護士さんの名前のなかに、宇都宮健児《うつのみやけんじ》弁護士の名前が書かれています。

さっそく話を聞いてみましょう。

法律事務所
宇都宮さん、そもそも なんで日本には75万人も 多重債務者《さいむしゃ》がいるんすか?!
うーん
多重債務や自己破産の いちばん多い原因は 「生活が苦しくて借金して その返済に追われるようになる」 というものなんですよ
浪費《ろうひ》でも
ギャンブル でも
投資の失敗 でもなくて
生活苦!?

●自己破産の原因

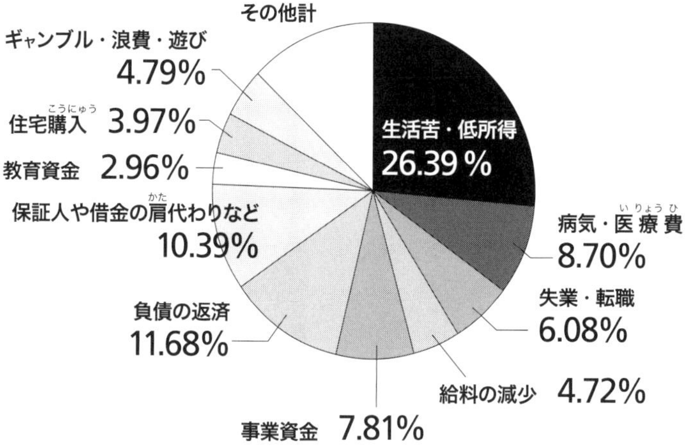

※「事業資金」は、中小・零細企業《れいさいきぎょう》の経営者個人による借金

2008年破産事件及び個人再生事件記録調査
（日本弁護士連合会 消費者問題対策委員会）より作成

調査によると、破産原因は「生活苦・低所得」によるものが26.4%を占《し》め、「病気・医療費」「失業・転職」「給料の減少」「事業資金」を合わせると、半数を超《こ》えています。

「負債の返済」「保証人やひとの借金の肩代わり」などの返済のためが22%と、これも大きな割合を占めています。

反対に、浪費やギャンブルによるものは、約5%とわずかです。

毎年、自己破産する人の数は10万人を大きく上まわります。2008年までの10年間で、自己破産の申し立てをした人は170万人以上。破産状態ギリギリで生活している人は、もっとずっと多いはずです。

さらに、自己破産した人の収入に注目すると、生活の苦しさは予想以上であることがわかりました。

●自己破産した人の月収

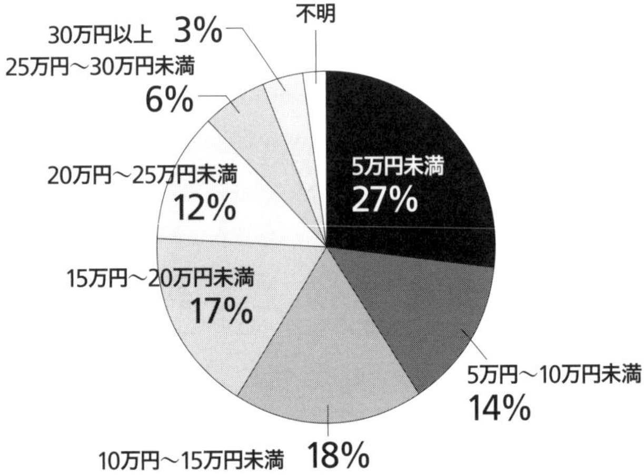

不明
30万円以上 3%
25万円～30万円未満 6%
20万円～25万円未満 12%
15万円～20万円未満 17%
5万円未満 27%
5万円～10万円未満 14%
10万円～15万円未満 18%

月収15万円未満の人が 6割を占めているでしょう? つまり、ワーキングプアの人たちが 自己破産に追い込まれているんですね
うわ～ これじゃ
お金を 借りないと 生活できないし
でも、 お金を借りても 返せない……

ワーキング・プアは「働く貧困層」といわれ、働いているのに収入がとても少ない人たちのこと。標準的な世帯所得の半分以下しか手にできない状態にある人たちをいいます。ひとり世帯でいうと、だいたい120万円以下の年間所得です。

ここでクイズです。

日本のワーキング・プア人口（20歳《さい》以上）はどれくらい?

① 約55万人

② 約120万人

③ 約640万人

正解は③。なんと641万人です（2007年のデータをもとに、厚生労働省の研究班が調査）。このなかには65歳以上の人が86万人ふくまれますが、20歳～64歳までの、いわば「現役世代」が555万人にものぼっています。

必要最低限の生活にも困るほど、低賃金や悪条件で働かされている人が、日本にはこんなにたくさんいるということです。

多重債務《さいむ》の現実

多重債務者の多くは、貸金業法《かしきんぎょうほう》の施行《しこう》（2010年）をまたいで借金返済をしている人たち。つまり、グレーゾーンがなくなるまえに契約《けいやく》を結んでいるので、高い金利のついた多額の借金を抱《かか》えています。なぜ、この人たちは多重債務へと追い込《こ》まれていったのでしょう？

お金にゆとりのない生活をしている人が、まず消費者金融会社1社から少額を借ります。金利が高いため返済に困るようになり、そこで別の会社からも借りる。やがてそれが数社になって、合計額が100万、200万とふくらむんです。

これを見てください。

年率29.2% 借り入れ額	3年で返しおえる場合の毎月の返済額
100万円	約4万2000円
145万円	約6万800円
200万円	約8万4000円
300万円	約12万6000円

＊出資法改正前の上限金利によるシミュレーション

借金が100万円になったとき、3年で返そうとしたら、毎月の返済額は4万2000円くらい。月収10万円とか20万円に満たない人、ひとり暮らしの若い人にとって、きびしいやりくりになります。

借金が200万になったら、初回の利息だけで4万8000円だそうです。でも利息だけ払《はら》いつづけても、元本《がんぽん》は永久に減りません。3年で返そうとすれば、月8万4000円もの返済をしなくてはなりません。

家賃や生活費もかかるのですから、月収20万円あっても、月8万4000円の返済はとても無理でしょう? 返済期間を4年にしても、月7万円以上。この時点で、すでにアウトなんですね。高い金利で2、3社から借りたら、すぐに返済困難になりますよ。

やっぱり、利率が高いと、こんなにも借金の返済がたいへんになってしまうんですね。グレーゾーン金利があったころには、230万人もの人が、借り入れ先が5社以上にも増えてしまっていたと聞きました。いったい、どうしてそこまでに?

最初は生活のためや、必要な出費のためでも、借り入れが長くなるうちに、途中から「返済のための借り入れ」が多くなるんです。

借金を借金で返すんですか。どうして?

高金利のために返済がだんだんきつくなる。でも、期日に返せないと、きびしい取り立てを受けるからです。それをさけるために、ほかから借りて返すしかなくなるんですね。そうやって、新しい借り入れをくり返してしまうのです。借り入れ先はさまざまで、大手サラ金だけというのはまれです。

たとえば、クレジットカードで借りたお金が返せなくなり、なんとかしなければと、消費者金融会社で調達して返す。大手の消費者金融で借りたお金が返せなくなると、中小の消費者金融から借りる。さらにはヤミ金へ。A社に返すためにB社から借り、B社に返すためにC社から借りる——そんな借金スパイラルにハマってしまうのです。

貸金業法で規制されるまでは、返済の取り立てはたいへんきびしかったと、宇《う》都《つの》宮《みや》弁護士は教えてくれました。

毎日、自宅や勤め先に電話がかかってきて、はげしくさいそくされる。こわいし、会社をクビになったらどうしようと思い、高金利で借りてでも目の前の借金を返す以外、考えられなくなってしまうのだそうです。

気がついたときには、1か月の返済に必要な額は、とうてい自分の収入では用意できないほどにふくらんでいる……。止まりたいのに止まれない状態、こぐのをやめたら倒れてしまう「自転車操業」の状態です。

多重債務者《さいむしゃ》を生まないための切り札、「グレーゾーン金利の撤廃《てっぱい》」と「総量規制」

高すぎる金利と、すでに多額の借金があっても、あらたな借金ができるようなしくみ。これこそが、多くの多重債務者を生んでいたんですね。

そこで立ち上がったのが、宇都宮《うつのみや》弁護士たち多重債務問題に取り組んできた弁護士や被害者《ひがいしゃ》の会、さまざまな支援《しえん》団体です。宇都宮弁護士たちの考えに賛同する国会議員たちも巻き込《こ》んで、大きな運動を起こしました。その結果、2006年、消費者ローンのありかたを大きく変える、貸金業法《かしきんぎょうほう》が成立したのです（2010年6月完全施行《しこう》）。

貸金業法成立直前の2006年11月21日の衆議院・財務金融委員会で、参考人のひとりとして発言する宇都宮健児弁護士。　©衆議院議員　佐々木憲昭事務所

貸金業法の大きなポイントはふたつ。

❶「グレーゾーン金利」の撤廃

これにより、出資法の上限金利が年率29.2%から20%に引き下げられました。

❷「総量規制」

借り手の返済能力の調査を貸金業者に義務づけ、さまざまな会社からの借り入れ総額が年収の3分の1以上にならないようにするというもの。借金が制限なく増えつづけるのをストップするしくみです。

具体的には、

◉借り入れを申し込むときに、収入を証明する書類を提出したり、他社をふくめた借り入れ総額を書いたりすることが求められる。

◉総量規制の範《はん》囲《い》を上まわる額を借りた場合は、借り入れ口座が凍《とう》結《けつ》されてATMが使えなくなる。

といった方法がとられています。（カードローンをふくめた銀行からの借り入れや、住宅ローン、クレジットカードのショッピングは総量規制の対象外）

総量規制の影《えい》響《きょう》

●消費者ローン業界への影響

総量規制の影響をもろに受けたのが、消費者ローン業界です。消費者ローンをあつかうおよそ60～70社を対象にした、日本貸《かし》金業《きんぎょう》協会の調査の結果を見てみましょう。

●消費者ローンの月間貸し付け金額の推移

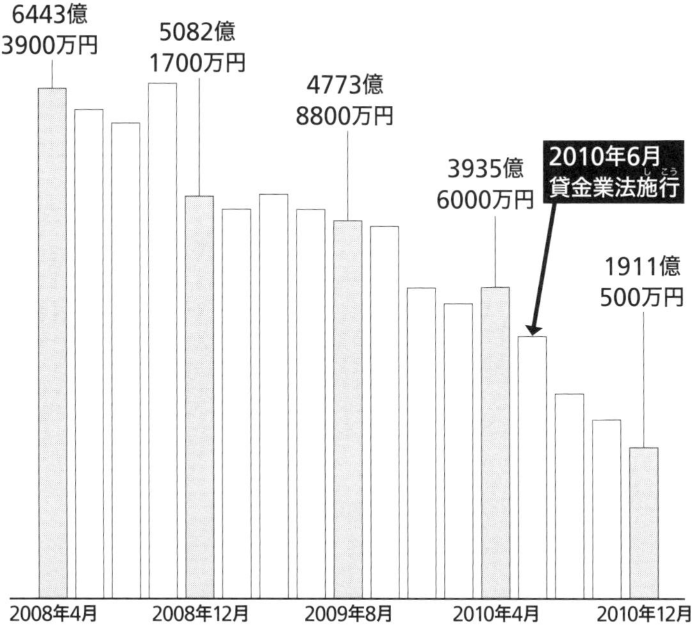

8か月ごとの変化でくらべると、2010年6月前後の8か月は金額が激減しています。消費者ローン業界にとっては、かなり大きなダメージになっているようです。

●利用者への影響

いっぽう、消費者ローンの利用者への影響はどうでしょうか。

総量規制の対象となる、年収の3分の1以上の借金をすでに抱《かか》えている人は、どのくらいいる?

① 100万人

② 350万人

③ 750万人

正解は③。およそ750万人です（日本貸金業協会のアンケート結果・2010年より推計）。ものすごい数の人が、返済能力を上まわる借金を抱えているんですね。

これは、日本の消費者ローンの利用者全体の約半数にのぼります。総量規制は、この人たちが多重債《さい》務《む》者《しゃ》になってしまうのを防ぐ効果を期待されています。

しかし、このなかの6割の人は、総量規制後も、生活のためにあらたな借金をする必要があると考えているそうです（同アンケート結果より）。

日本には、200万円に届かない所得の世帯が2割もあり（厚生労働省「平成21年国民生活基《き》礎《そ》調査」）、借金に頼《たよ》らなければ暮らしていけない人が多くいます。

たしかに、グレーゾーンの撤《てっ》廃《ぱい》や総量規制は、あらたに多重債務者を発生させないようにするしくみではありますが、いま現在、多重債務におちいっている人が、これで救われるわけではありません。

高利の借り入れを利用するきっかけというのは、生活苦・低所得・病気・失業・給料の減少など、全体として貧困を原因とするものが多いわけです。貸金業法は、その貧困そのものをなくすような法律ではないんですね。

だから、そういう貧困問題を解決するためのいろんな手を打っていかないと、場合によれば、またヤミ金が復活してくるかもしれないという問題が残されているんです。

多重債《さい》務《む》者《しゃ》をねらう人びと

●進化するヤミ金

こうした、借りたくても借りられない人たちをねらう悪徳業者の代表格が「ヤミ金」です。

ヤミ金とは、超《ちょう》高金利の貸し付けをおこなう、非合法（ヤミ）の金《きん》融《ゆう》業者のこと。1回に貸すお金は3～5万円くらいの少額ですが、その利息は、「トサン」（10日で3割）、「トヨン」（10日で4割）など、年率にすると1000％を超《こ》える超高金利です。さらに、利息とは別に、お金を渡《わた》すときに1～2割を保証料としてピンハネする場合もあります。

暴利と並んでヤミ金の代名詞といえば、脅《きょう》迫《はく》や恐《きょう》喝《かつ》、監《かん》禁《きん》などの暴力的な取り立てです。あまりにも過激な取り立てのため、利用者が自殺や夜《よ》逃《に》げに追い込《こ》まれるという深刻なケースもあり、きびしい取り締《し》まりの対象になっています。

ところが、最近、こうしたおそろしいイメージとは違《ちが》う、「ソフトヤミ金」とよばれる新しいタイプのヤミ金が生まれていると、マスコミで報道されています。

それによると、ソフトヤミ金の特《とく》徴《ちょう》は、半月で3～4割といった超高金利をとるいっぽうで、暴力的な取り立てをしないこと。ていねいに利用者の相談にのり、ときには身の上話などにもつきあってくれるので、利用者は業者を友だちのように感じるようになるといいます。なかには、さびしいから借りる、という人もいるとか。

ただし、その本質は、これまでのヤミ金とまったく変わりません。返済が遅《おく》れて利息がふくらみ、借金総額が100万円以上になるような利用者には、女性客なら風俗店《ふうぞくてん》、男性客なら危険で過酷《かこく》な工事現場などで働かせて、どこまでもお金をしぼりとる、といったケースもあるそうです。

これまで3万件以上のヤミ金事件を解決してきた宇都宮弁護士も、ひとり歩きする「ソフト」なイメージにだまされないようにと、強く注意をよびかけています。

●「ショッピング枠《わく》現金化」業者

「クレジットカードのショッピング枠を現金化。最大90%をお客様にキャッシュバックします」

――こんな文句をうたい、詐欺《さぎ》まがいの手口で多重債務者からお金をしぼりとる悪徳業者が増えています。

クレジットカードのショッピング枠現金化とは、商品をカード払《ばら》いで買うと、業者から商品が送られてきて、代金から手数料を引いたお金が口座に払いもどされる（「キャッシュバック」）というしくみ。

キャッシング枠と違い、ショッピング枠は総量規制の対象にはなりません。多くの借金を抱えている人でも、カードで買い物をすることはできます。これを利用すれば、すぐに現金が手に入る。返済に追われる多重債務者にとっては、飛びつきたくなるような話です。

しかし、一時的に現金が手に入っても、その後、カード払いで買った商品の代金を支払わなければなりません。カードを使って10万円の買い物をしたことに変わりはないからです。

これを借金として考えると、8万円の元《がん》金《きん》にたいして、1か月で2万円の利息を支払っていることになります。つまり、月25%、年300%の超高金利でお金を借りているんですね（2010年度までの5年間で国民生活センターに寄せられた相談件数は1200件以上）。

●ショッピング枠現金化のしくみ

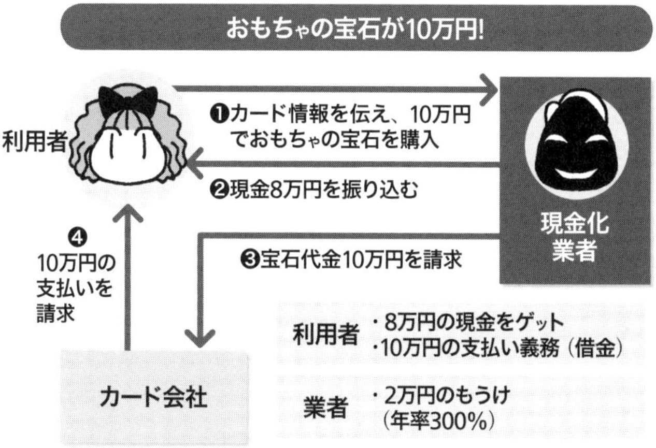
おもちゃの宝石が10万円!
利用者
❶カード情報を伝え、10万円でおもちゃの宝石を購入
❷現金8万円を振り込む
現金化業者
❸宝石代金10万円を請求
❹10万円の支払いを請求
カード会社
利用者
・8万円の現金をゲット
・10万円の支払い義務（借金）
業者
・2万円のもうけ（年率300%）

さらに、こんな事態になることも……。

うかつに手をだすと、こんな借金スパイラルにおちいってしまうかもしれません。ショッピング枠の現金化を、カード会社は会員規約で禁止しています。そのため、代金を支払えないと、一括返済やカードの利用停止を求められます。さらに、クレジットカードの番号など現金化業者に教えた個人情報を悪用され、犯罪に巻き込まれるおそれもあります。

借りられないとき、どうする?

日本貸《かし》金《きん》業《ぎょう》協会の「貸金業法の完全施行後の影響等に関するアンケート調査」(2010年)によると、総量規制の対象者1000人のうち、7.2%がヤミ金を、12.9%がクレジットカードのショッピング枠《わく》現金化を利用したことがあるそうです。

また、今後もヤミ金を借り入れ先の候補のひとつとして考えている人が19.5%いて、ショッピング枠現金化を使うかもしれないと考えている人は32.9%もいるというのです。

なぜなんでしょう? こんなに危険なのに。

理由としては、多くの人が、「正規の貸金業者がどこも貸してくれなかったから」「緊《きん》急《きゅう》にお金が必要になったから」と答えています。

危険な業者だと知りながらも、また利用せざるをえない人たちがいることがみえてきます。

また、ヤミ金とは知らずに利用した人や、「現金化」がカード利用の違《い》反《はん》行《こう》為《い》だと知らずにいた人も多くいました。

総量規制であらたな借り入れができなくなったからといって、あわててヤミ金などを利用するのはぜったいにやめてください! 重要なのは、早く、適切な相談窓口に行くことです。

いろいろありますが、まず、いま多重債《さい》務《む》状態にある人の窓口としては、都道府県の弁護士会の法律相談センターがあげられます。そこで担当の弁護士に相談し、「借金整理(債務整理)」をすることで、生活を立てなおしていきます。

借金を整理する

借金整理とは、多重債務《さいむ》におちいって、返済できなくなるほどふくらんだ借金を、法的な手続きによって解決すること。「自己破産」もそのひとつです。借金整理には、つぎのような方法があります。

❶任意整理

貸し手と借り手が話しあい、借金減額などの交渉《こうしょう》をする。将来発生する利息をカットしてもらい、原則として3年で返していく（分割払《ばら》い）。任意なので貸し手の合意が必要。手続きに資格はいらないが、ほとんどの人が弁護士や司法書士に依頼《いらい》する。

❷個人再生

住宅ローン以外の借金額を大幅《おおはば》に減らして返済計画（原則3年で完済）をたて、それを裁判所に認めてもらう。計画どおりに返しおわると、残りの借金が免《めん》除《じょ》される。マイホームを手放さないで手続きができるなどのメリットがある。

❸自己破産

裁判所に破産の申し立てをして、自己破産と免責許可決定を受けると、すべての借金の返済が免除される。家や土地といった、めぼしい財産があれば処分され、借金の返済の一部にあてられる。

弁護士など法律の専門家に頼《たの》まなくても、自分でできる借金整理の方法として、「特定調停」があります。

❹特定調停

簡易裁判所の調停委員があいだに入り、借金減額などについて貸し手との合意を成立させる。任意整理と同様、貸し手との合意のうえで、将来発生する利息をカットしてもらい、原則3年の分割払いで返していくことができる。借金額がそれほど多くない場合に、この方法をとる人が多い。

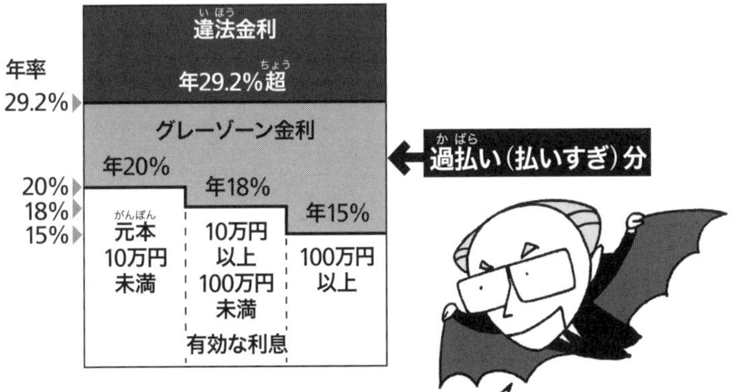

貸金業法《かしきんぎょうほう》の施行前《しこうまえ》にグレーゾーン金利（78ページ参照）で借り入れをした人は利息制限法の上限金利による借金額のひきなおし計算をしてみましょう

上限金利を超《こ》える利息を払っていた場合には、そのぶん元本を減らすことができます。また、ひきなおし計算によって出た借金総額よりも多く払っていた場合には、払いすぎたお金をとりもどすこともできます（過払い金の返還請求《へんかんせいきゅう》）。

借金整理の手続きに入ると、まず、取り立てがストップします。そして、交渉の期間中は、翌月の返済に追われることもいったんストップします。

多重債務の人は、返済に追われつづけるうちに、自分を見失っています。つぎの返済のことで頭がいっぱいで、いま借金がいくらあるかさえ、わからなくなっています。取り立てとお金集めのストレスがない状態に身をおいてはじめて、自分の借金がいま、ぜんぶでいくらあって、収入はいくらで、生活費はどのくらいかかるのか、といったことを、冷静に考えられるようになるんです。

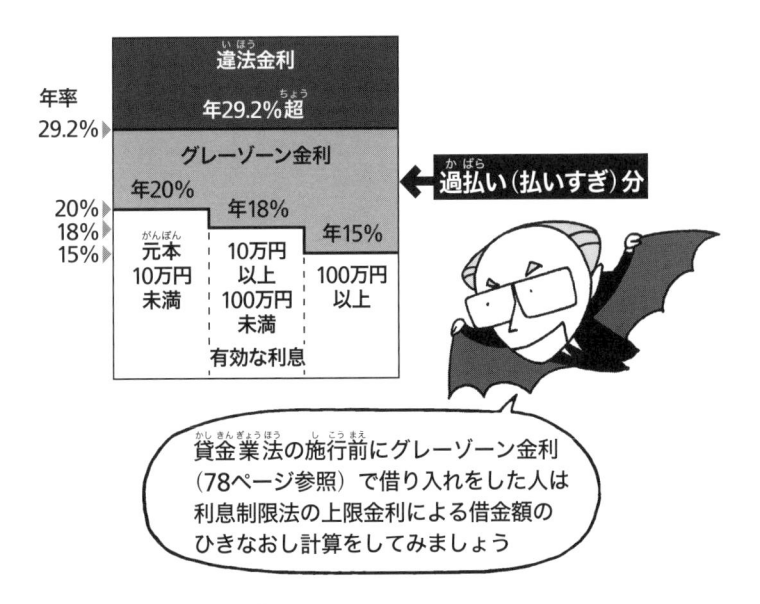

借金整理のインチキ専門家に要注意

多重債務者《さいむしゃ》を弁護士などに紹介《しょうかい》して報酬《ほうしゅう》を得る「紹介屋」。弁護士から名義を借り、無資格で借金整理の仕事をしてもうけようとする「整理屋」――。わらにもすがりたい思いの多重債務者をだまし、お金をしぼりとる悪徳業者がいます。

被害《ひがい》にあわないためには、法律の専門家である弁護士や司法書士に直接相談するのがいちばんです。

ところが、最近、その弁護士や司法書士による被害が問題になっています。

貸金業法《かしきんぎょうほう》の完全施行《しこう》以降、過払い金をとりもどそうと、多くの人が弁護士や司法書士に相談をもちかけています。

電車広告やテレビCMなどでよく名前を見聞きする法律事務所に相談する人も多いようです。でも、広告を出しているから信頼《しんらい》できるとはかぎりません。

◉依頼者《いらいしゃ》と一度も会わずに、電話だけでやりとりする
◉事前に報酬費の説明をせず、あとになって高額の請求《せいきゅう》をする

◉法律の専門家ではない事務員が借金整理をおこなう

といったやりかたをしているところもあります。

ひどい場合には、300万、400万も過払い金をとりもどしたのに、依頼者に報告せずに自分のものとする、なんてケースもあるそうです。こうした法律家は、借金整理を、もうけのいい商売として考えているのです。

広告では「借金のお悩《なや》み、なんでもご相談ください」とうたいながら、お金になる過払い金返還《へんかん》しかひきうけない、というところもあります。

こうした法律家の問題を解決するため、日弁連や日本司法書士会連合会（日司連）は、依頼者との面談を義務づけたり、誤解を招くような広告を出すことを禁止したりといった、規制強化に乗りだしています。

ややこしいのは、こうしたトンデモ法律家でも、弁護士や司法書士の資格はもっているということ。資格があるんだから、素人は信用してしまいます。どんな弁護士に依頼すればいいのか、宇《う》都《つの》宮《みや》さんに聞いてみましょう。

❶弁護士会の法律相談センターの担当弁護士を探す

都道府県の弁護士会には、法律相談センターがあり、研修や訓練を経た専門の弁護士が配置されています。費用も相談センターの基準が適用されるので安心です。

（巻末182ページ参照）

❷住んでいる地域の、いつでも会って相談できる弁護士を探す

近くの弁護士なら、直接会って話ができます。費用の見積もりも出してもらいましょう。お金がないから借金しているのに、高い交通費や宿泊《しゅくはく》費《ひ》を払って遠くの弁護士に相談にいったのでは、何のために借金整理をしているかわかりません。

信頼のおける
弁護士さんが
身近にいない人は
こういう探し方が
できます！

つてがなければ、近くの法律相談センターに相談するのがいちばんなんですね。司法書士についても、全国に司法書士会の法律相談センターがあり、専門の司法書士が配置されています。

弁護士費用の話

ところで、法律の専門家に借金整理の手続きをしてもらったら、お金はいくらくらいかかるのでしょうか。

すべての法的手続きができる資格をもっているのは弁護士ですが、費用はおおまかにいって、4つのパートに分けられます。

❶相談料
❷着手金
❸報酬金《ほうしゅうきん》
❹その他（交通費や郵送費といった実費や日当など）

じつは、弁護士費用には、公的なきまりはありません。契約《けいやく》のさい、依頼者《いらいしゃ》が弁護士の提示する金額に同意すれば、それが正式な費用となります。

「相談料」は30分5000円＋消費税のところが多いようですが、借金問題にかんしては、相談料は無料にしている弁護士会が増えてきています。

「着手金」と「報酬金」はケースによって違《ちが》ってきます。ここでは、東京の弁護士会の「クレジット・サラ金事件報酬基準」から、基本的な考え方を紹介します。

●任意整理

〈着手金〉借り入れ先が2社までの場合……5万2500円以内
3社以上の場合……1社につき2万1000円

〈報酬金〉1社につき2万1000円。ひきなおし計算後の残元金よりも借金が減った場合には、減額分の10.5%を別に支払う。

●自己破産

〈着手金〉21万円以内

〈報酬金〉免責決定が得られた場合のみ21万円以内

●個人再生

〈着手金〉31万5000円以内

〈報酬金〉31万5000円以内（むずかしい事情がない場合は21万円以内）

●過払い金請求

過払い金がもどってきた場合は、その金額の21%以内を支払う。

弁護士会の法律相談センターの担当弁護士には、このような目安にもとづいて弁護士費用がきめられていますが、その基準がすべての弁護士に適用されるわけではありません。

2004年までは、弁護士費用はそれぞれの弁護士会の報酬規定できめられていて、ある程度以上とると、懲戒《ちょうかい》処分を受けました。ところが、規制改革の流れのなかで、この報酬規定が独占《どくせん》禁止法違反《いはん》にあたるとして撤廃《てっぱい》されました。規定がなくなれば、自由競争が働いて弁護士費用も安くなる、というわけです。でも、弁護士と依頼者とのあいだには圧倒的《あっとうてき》な知識・情報の格差があります。圧倒的に弁護士が優位です。だから、自由競争が働くどころか、かえって値段をつり上げることになります。

そこで、日弁連では、公正取引委員会と協議を重ねながら、あらたな規定づくりを進めています。

銀行の話

ここで、ドイツとフランスの消費者ローン事情をみてみよう。

【ドイツ】

ドイツには、日本のような消費者金融《きんゆう》会社は存在しない。銀行が、消費者ローンの中心を担っているのだ。

市場の平均金利は、2009年の時点で年率7%前後。年率15〜20%が一般的《いっぱんてき》な日本とくらべると、低金利に設定されている。

驚くべきことに、ドイツには、金利を規制する法律が存在しない。法律がなくても、銀行が過去の裁判の判例にしたがっているので、金利が低く抑《おさ》えられているのだという。

基準とされている判例は、市場平均金利の2倍、または市場平均金利プラス12%を超《こ》える金利は暴利であり、無効であるとするもの。裁判で、利息が無効とされた場合は、利用者は利息を返す必要がない。

さらに、遅延《ちえん》損害金の利率が貸し付け金利よりも低く設定されている。

返済が遅《おく》れるのは、金融機関が利用者の信用調査をきちんとやっていなかったと見なされるからだ。上限金利すれすれの遅延損害金が認められている日本とは、まったく逆の発想だ。

【フランス】

フランスは、「消費者法典」で金利規制についてさだめている。

日本の日銀にあたるフランス銀行が、3か月に1度、消費者金融・不動産金融・事業者金融のカテゴリーごとに市場金利を調査し、その3分の4をかけた金利を政府が告知する。それを超える利息をとると、2年の禁固または罰金《ばっきん》の刑罰《けいばつ》を受ける。2009年には、年率およそ20%が暴利とされた。

大きな特徴《とくちょう》は、フランス銀行が多重債務者《さいむしゃ》の救済をしていること。全国の自治体に過剰《かじょう》債務委員会がおかれ、多重債務を抱《かか》えた人にたいして、債務の減免《げんめん》や返済の猶予《ゆうよ》をあっせんしている。相談に応じるのは、金融業界の団体、消費者団体、自治体の役員で、スタッフとしてフランス銀行の職員が働いている。

このように、ドイツやフランスは、銀行のありかたが日本とはぜんぜん違《ちが》う。なぜ、こんな違いが生まれるのか——。宇都宮《うつのみや》弁護士の話を聞いてみよう。

銀行には、不特定多数の国民から預金を集める権限があります。これは、免許を受けた金融機関にしかない権限で、消費者金融会社やクレジット会社などの貸金業者は、お金を貸すことはできても、預金を集めることはできません。

そうした特権が銀行にあたえられているのは、銀行が、国民の預金を元手に、産業の血液といわれる金融をうまく国のすみずみに流すという、社会的役割を担っていると考えられているからです。

ドイツやフランスの銀行には、そのような社会的役割の、つまり、国民にお返しをするという自覚がしっかりとあります。

ところが、日本の銀行は、高度経済成長期にも、バブルの好景気の時代にも、企業向けの貸し付けや不動産投資にばかり力を注ぎ、個人消費者向けの貸し付けは熱心にやってきませんでした。そこに高利の消費者ローンがでてきたわけです。

ほんとうにやろうと思えば、日本の銀行も、ドイツのような低金利の消費者向け融資をできたと思います。というのは、銀行が国民から預かる預金につく利息は年率0.02%、定期預金の利率だって0.1%以下。それを元手に5%、10%の利率で貸せば、じゅうぶん利益が上がるはずなんです。ところが、しなかった。そして、消費者金融会社には年率2%くらいでお金を貸してきたわけです。そのお金は、年率12%～27%の高い利息で国民に貸し付けられていきました。

その後、バブルが崩壊《ほうかい》し、銀行は、これまでせっせと融資してきた企業《きぎょう》の不良債権を抱えます。一方で、消費者金融会社は大成長して一部上場企業となり、大もうけしました。銀行が消費者金融会社と提携《ていけい》してノウハウを吸収したり、独自のカードローンなどをはじめたのはこの時期からだったのです。

第5章

消費者ローンだけじゃない!
お金がないときの選択肢

借金整理をすれば、すべて解決？

多重債務《さいむ》で苦しんでいる人も、借金整理をすることで、解決の道がひらけ、生活を立てなおすことができる。ここまで、そのことをみてきました。でも、ここにはまだ、大きな問題が残っています。

……せやけど、借金するんは 収入だけでは食っていかれへんからやろ？
結局、借金を整理して 全部なくなったとしても 借金せんと生きていかれへん 状況《じょうきょう》は変わらへんやん……
ギャア ギャア
だよなー しかも貸してくれるのは ヤミ金とかヤバイところ だけだし……
だれだっけ あの人？
あれはマサヒコくんだね 第3章で消費者金融《きんゆう》のお姉さんに 手玉にとられていたね

あわてる必要はありません。お金がないときの相談窓口は、ほかにもまだいろいろあります。ここからは、お金がなくて消費者ローンから借りることもできない、そんなときの選択肢《せんたくし》について、みていきましょう。

セーフティーネット貸付を利用する

銀行からも消費者ローンからもお金を借りることができず、さらに、失業手当などの支援《しえん》も受けられない低所得の人が、低い利子でお金を借りられる公的支援制度があります。

それが「セーフティーネット貸付」です。

その代表的なものが、都道府県の社会福祉《ふくし》協議会が窓口になっている「生活福祉資金貸付制度」です。

これは、低所得の家庭や、介護《かいご》の必要な障害者や高齢者《こうれいしゃ》のいる家庭を支援する制度で、いろいろな使いみちに応じたお金を貸してくれる制度だそうです。大きくわけて、つぎの4種類の貸付資金があります。

●生活福祉資金貸付の種別と対象

総合支援資金	失業したり、収入が減ったりした人のいる低所得世帯への貸付（1.5%）
福祉資金	けがや病気で治療《ちりょう》が必要な人や障害者などがいる世帯への貸付（1.5%）
教育支援資金	高校や大学に通う子どものいる低所得世帯 ➡入学金や学費を支援（無利子）
不動産担保型生活資金	低所得、または介護が必要な高齢者で、自分の家や土地のある人 ➡不動産を担保に生活費を貸す（3%以内）

＊（　）内は貸付の年率金利。ただし、連帯保証人をつけた場合は、いずれも無利子になる。

利息は、総合支援資金・福祉資金が年率1.5%、不動産担保型生活資金は年率3%以内、教育支援資金は無利子。

さらに、連帯保証人をつけられる場合には、無利子で借りられるそうです。

15%から20%の利息制限法の上限金利とくらべても、はるかに低い金利ですね。

生活福祉金の貸し付けのうち、いちばん多く利用されているのは、子どもの教育費を捻出《ねんしゅつ》できない人向けの教育支援資金です。これを充実《じゅうじつ》していくことが、非常に重要です。

また、民間にも、「セーフティーネット貸付」をしているところはあります。

たとえば、生協（生活協同組合）が、多重債務者《さいむしゃ》支援のための生活再建資金の貸し付けをしています（生活再生ローン。年率12.5%以内)。NPO法人が低利融資《ゆうし》をする「NPOバンク」も増えています。

こうした動きにあわせて、労働金庫や信用金庫、信用組合といった、地域に根ざした金融機関も低利融資に参加するような取り組みを強化すべきですね。そういう取り組みによって、高利の消費者ローンに変わりうるようなセーフティーネット貸付を充実させることが、今後、重要な課題になってくると思います。

セーフティーネット貸付なんてあったんだ。

まったく知らんかった。どういうこと?

それは、こういういい制度があるということを知らされていないから、つまり、広報があまりおこなわれていないからなんです。だから、結果として、ヤミ金を利用したり、高利の消費者ローンを利用している人が多かったんですね。

●相談窓口やセーフティーネット貸付の利用経験

●NPOバンクの利用経験

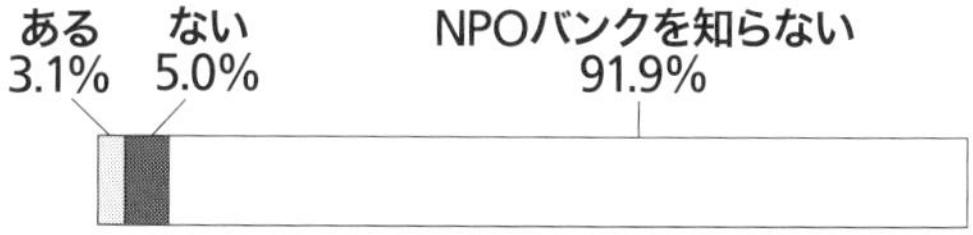

（日本貸金業《かしきんぎょう》協会の総量規制対象者へのアンケート結果より）

公的支援にも民間の取り組みにも、心強い制度があったことがわかりました。でも、まだ問題は残ります。なぜなら、借りたお金は返さなければいけません。つまり、返せる見込みのない人、無収入やぎりぎりの収入しかない人は利用できないとすれば、この人たちはどうすればいいのでしょう？

「生活保護」があります。

生活保護を受ける

すべて国民は、健康で文化的な最低限度の生活を営む権利を有する。

これは、日本国憲法の第25条第1項《こう》の文章です。国はすべての人に、健康で文化的な最低限度の生活を保障することが宣言されています。

そのために必要なお金が得られない人にたいしては、たりない分を国がおぎなう。それが社会福祉《ふくし》・社会制度といわれるものです。そのひとつに「生活保護」があります。

生活保護は、すべての人に約束されている、生きるための権利ともいえるものです。

●生活保護のしくみ

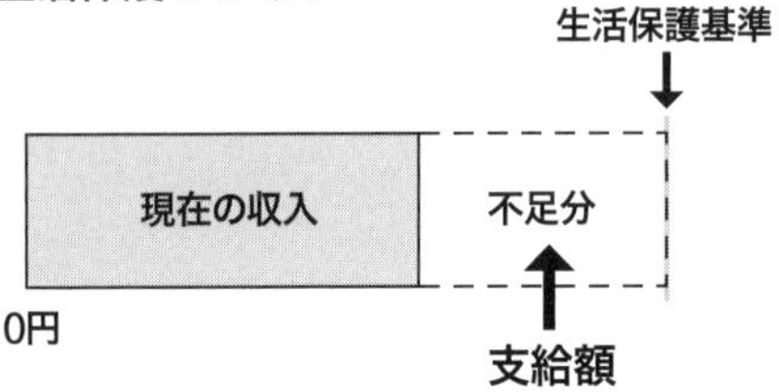

「すべての人に保障されている生活水準の収入にあなたはこれだけたりないからその分を出しますよ、収入がこれだけ上がったら生活保護はなくなりますよ」というしくみなんです。「給付」なので、返済の必要はありません。

生活保護って、名前だけは知っていても、じっさいにどういうしくみかは、あまり知られていません。

生活保護は、ある一定の基準に収入が満たない人に、たりない分のお金を給付する制度です。その基準はほぼ毎年、自治体ごとに決められています。

生活保護基準額の計算方法は、ちょっと複雑です。世帯の人数、それぞれの年齢《ねんれい》、さらに、小・中学校に通う子どもがいるか、妊《にん》婦《ぶ》や障害のある人がいるかなど、条件ごとにこまかくさだめられていて、ひとつ違《ちが》うとすべてが違ってきます。

たとえば、東京23区でひとり暮らしをしている20歳《さい》〜40歳の人の場合、最低生活費は8万3700円で、最大5万3700円の住宅（家賃）扶助《ふじょ》があります。

生活保護は、使いみちごとに、必要な費用が支給されます。

●生活保護として支給される費用の内容

生活扶助	日常生活に必要な費用（食費・被服費《ひふくひ》・光熱費など）
住宅扶助	アパートなどの家賃
教育扶助	義務教育を受けるために必要な学用品などの費用
医療《いりょう》扶助	医療費、最小限の通院費
介護《かいご》扶助	介護サービスを受ける費用
出産扶助	病院や助産施設《しせつ》で出産する費用
生業扶助	就職に必要な技能を習得するために必要な費用
葬祭《そうさい》扶助	お葬式に必要な費用

知っておくと、困ったときに、とても役に立つ制度のように思えます。

2010年4月に厚生労働省が発表した推計によると、収入が生活保護基準以下の世帯は、日本に340万世帯ほどあるそうです。ところが、そのうち生活保護を受給しているのは、3分の1だけで、あとの230万世帯はこの制度を使っていないというのです。

どうしてなのでしょう。

なによりもまず、制度自体をきちんと知らせて、普及《ふきゅう》していくことができていないということですね。生活保護にたいする偏見《へんけん》や、生活保護を受けることが権利として自覚されていなかったりなど、ほかにもいろいろな理由はありますが。

先ほどの、生活福祉資金などセーフティーネット貸付も同様です。

ドイツやイギリスには、生活保護と似たような制度があって、85%〜90%くらいの人が利用しています。ドイツでは、そうした制度があることを市民に知らせる情報提供義務が、公務員に課されています。でも、日本の公務員にはそういう義務はありません。税金を使わないですむように、情報をあまり教えないようにしているのでしょう。

もうひとつ、学校教育の問題があります。

先ほどの憲法第25条「すべて国民は、健康で文化的な最低限度の生活を営む権利を有する」、これを生存権といいます。この生存権の保障を具体化したのが、生活保護法です。

「健康で文化的な最低限度の生活」をイメージしてみた……

byタイキ

※これはあくまでも個人のイメージであり、事実無根の大まちがいです。

日本の学校は、この憲法の文言について教えても、生活保護の受給手続きについては教えません。だから、制度があっても利用できない人が多いのだと思います。

その結果として、消費者金融《きんゆう》やヤミ金が、身近な存在になってしまっています。でもそれは、異常な社会なんですね。ほんとうにお金に困っている人が高利の貸し付けを利用しなくてもいいような制度を、もっと広報して利用しやすくする必要があると思います。

ちょっと待って。オレの高校時代の知り合いが、福祉事務所で生活保護の申請《しんせい》をしようとしたら、門前払《ばら》いで申請書ももらえなかったって言ってたけど。

そうですね。派遣《はけん》切りをされて野宿をしている人が申請にいったら「住所がないから、住民票がないからダメだ」と断られたり、65歳《さい》以下の人が「働けるでしょう」と追い返されたり……。

そんな対応を福祉事務所の職員から受けることもあります。こういうのを「水際作戦」とよんでいますが、生活保護法上、違法《いほう》な運用なんですね。

生活保護の申請に弁護士がついていけば、そういう違法な運用はできなくなります。

弁護士さんがそんなこともやるんですか?

たとえば、多重債務の人から相談を受けた場合、もっとも大切なことは借金整理ではなく、その人が生活を立てなおすことです。失業などで無収入である場合には、生活保護の申請をアドバイスして、じっさいに保護を受けてもらう。ある程度、収入がある場合には、生活福祉資金貸付制度などの支援制度を紹介《しょうかい》する。そこまでカバーするのが、本来の弁護士の仕事なんです。

2010年、日弁連の会長になった宇都宮弁護士。就任後すぐに、貧困問題対策本部を立ち上げました。今後は、全国の弁護士会で、生活保護の相談を受けられるようにしたり、残業代未払いや不当解雇《かいこ》といった労働基準法違反の相談なども受けられるようにしたいと考えているそうです。

たしかに、ヤミ金におどされたり、いきなり仕事をクビになったりしても、法律の専門家に相談してみようとは、すぐには思えないよね……。なんだかハードルが高いし。

うん。それにさ、そういう人は、そもそもお金がないじゃん？　弁護士費用なんて払えないよ。

そうしたときには、法律扶助を使ってください。

法律扶助《ふじょ》というしくみ

法的トラブルをかかえているのに、お金がなくて弁護士を雇《やと》えないという人は、日本司法支援《しえん》センター「法テラス」の「法律扶助（民事法律扶助）」が受けられます。

●法テラス・コールセンター

☎0570-078374（PHS・IP電話からは03-6745-5600）

●全国の法テラスについては

http://www.houterasu.or.jp/chihoujimusho/

●法律扶助で受けられる支援の例

・適切な相談窓口の紹介《しょうかい》

・弁護士や司法書士による無料法律相談

・弁護士費用や司法書士費用、裁判費用の立て替《か》え（原則として返済が必要）

※無料法律相談や費用の立て替えには、収入が一定の基準にあてはまるなど、いくつかの条件がある。

※立て替え費用の返済は、契約《けいやく》を結んでから2か月後にスタート。毎月5000円から1万円の分割払《ばら》い（無利子）。

生活保護を受けている人など、とくに返済がむずかしい人には、減額や返済免除《めんじょ》制度などもあります。

でも、日本の法律扶助はまだまだ不十分だと、宇都宮弁護士は言います。

日本以外の先進国では、国家予算のかなりの部分を法律扶助にあてていて、しかも給付制です。いっさい返さなくていいんですね。これにたいして日本の法律扶助の予算は、先進国では最低で、ほかの国の10分の1以下です。その結果、生活保護水準の低所得者であっても、生活保護を受給していないかぎり、お金を返さなければなりません。

さらに、現在の日本の扶助の対象は、裁判関係の手続きにかぎられています。生活保護の申請《しんせい》や労働基準監督署《かんとくしょ》への申し入れは、行政手続きといって、対象外なんですね。先進国はそういう手続きもふくめて、すべて扶助の対象になっています。

へえ〜、だいぶ違《ちが》うんですね。

これから、どんなふうに変わっていったらええんでしょうか。

まず、低所得者にたいしては給付制にして、返さなくてもいいような制度にする。それから、対象事件を裁判にかぎらないで、さまざまな行政手続きなどもふくめる。そうすることによって、みんなが、自分の社会保障の権利や労働者としての権利を行使しやすくなる。法律扶助は、自分たちの権利を行使するための制度なんです。

市民団体や消費者団体、労働団体がいっしょになって国を動かし、さまざまな相談窓口を充実《じゅうじつ》させ、同時に、それを利用しやすくするような制度を充実させることが重要です。

さて、この本ではここまで、第1章と第2章でクレジットカードやリボ払いについて、第3章では、消費者ローンについて見てきました。

第4章では、日本には多重債務《さいむ》に苦しんでいる人がとてもたくさんいて、そのためにグレーゾーン金利の撤廃《てっぱい》や総量規制といった制度の改革がおこなわれたこと、また、そのなかで、それでもお金を借りなければ生きていけない人が何百万人もいることを見てきました。

でも、どんなに多額の借金を抱《かか》えていても、借金整理をすれば解決の道すじが見えてくることがわかりました。また、働いても働いてもお金がないとき、あるいは、失業や病気などで無収入になったときでも、さまざまな制度や相談窓口を利用すれば、支援を受けられることもわかってきました。

最後の第6章では、さまざまなお金の問題から多重債務や貧困に追い込《こ》まれ、そこから立ちなおった人たちの、復活へのチャレンジと具体的な方法をみてみましょう。

第6章

お金がないとき、どうする?

［復活編］

ミホさん&マイさんの復活

ミホさん・22歳《さい》（派遣《はけん》事務）
手取りの月収15万円
（ボーナス年1回）
自宅通勤

マイさん・20歳（大学2年生）
ひと月の収入《しゅうにゅう》：仕送り7万円
＋バイト代5〜6万円
家賃4万5000円

▽相談時の借金請求《せいきゅう》額《がく》（マイさんの借金）

信販《しんぱん》会社1社	**27万円**
	（ミホさんが連帯保証人）
消費者金融《きんゆう》3社	**約48万円**
	総額　約75万円

●友だちの保証人に

　ミホさんとマイさんは、大学のサークルの先輩《せんぱい》・後輩。ミホさんの卒業後も、お姉ちゃんと妹のような関係が続いています。

しばらくして、自分が保証人になったことも忘れていたころ……
マイマイー？
信販会社から
請求書がこっちに
きたんだけどー
だいじょうぶー？
あ～っ、あのね～
え～っと、
ん～～
月3万円の支払いだったら
バイト増やせばイケると
思ってたんだけどー
バイト
お刂帰り
なさいませ
ご主人さま!
だんだんキツくなってきて
友だちから借りて
支払うようになってー
でも友だちからの借金が
増えすぎちゃったから
チラシで見た業者から
10万円借りてー
でもそこってヤミ金でー
ガチでこわくなって
急いで消費者金融から借りて
ヤミ金に返してー
フロミズ
そのあとは、もー
信販会社の支払いどころ
じゃなくなってー……
いま借金が
全部で75万円!
どーしよー
ミポリン
えーっ?!

●連帯保証人の大きな責任

それぞれ親に相談した結果、ミホさんとマイさんは、司法書士会の無料相談にいくことにしました。信販会社に27万円、消費者金融に48万円の借金。ふたりとも、気持ちは真っ暗です。

司法書士はまず、保証人とはどういうものか、話してくれました。

「連帯保証人の『連帯』とは、本人と同じだけの責任があるということ。本人が借金を返せなくなったとき、かわりに返さなければならないんです。気安く頼《たの》んだり、ひきうけたりできるものではないんですよ」

クレジットやローンの保証人を頼まれる場合、その人がすでにたくさんの借金を抱《かか》えていて、保証人なしではお金を貸してもらえない状況《じょうきょう》にあるケースも多い、といいます。

「今後、だれかに保証人を頼まれるようなことがあったら、事情をよく聞いたうえで、法律相談窓口で相談するよう、アドバイスしてあげるのがいいですよ」

気安く連帯保証人を頼んでしまったミホさんに、返済の責任を負わせるわけにいきません。マイさんは、信販会社への支払い分は、無理をいって親に貸してもらうことにしました。社会人になったら月々返す約束で。でも、消費者金融からの48万円の借金のことまでは、親に頼めそうもありません。

司法書士に話してみたところ、利息制限法にもとづいて法的な手続きをすれば、消費者金融3社にあわせて月々1万5000円の返済で、2年半ほどで返せる見込みがたつことがわかりました。

借金額がそれほど多くない場合や、過払い金がない場合には、裁判所で手続きする人が多いのだそうです（特定調停。115ページ参照）。手続きにかかる費用もずっと低くおさえられるのだとか。マイさんは自力で返すことをきめ、裁判所の利用のしかたについてアドバイスしてもらいました。

ミホさんもマイさんも、もう未成年者じゃないと、はじめて実感した出来事でした。そして、クレジット（分割払いの申し込《こ》み）は、れっきとした「契約《けいやく》」だということがわかりました。

悪質商法とクーリングオフ

路上でのキャッチセールス、強引な訪問販売《はんばい》、電話勧誘《かんゆう》。アンケートや無料サービス券でおびきよせてモノを売る……。クレジット契約《けいやく》で高額商品を売りつける手口はさまざま。

SNSでコンタクトしてきた異性とデートのつもりで会ったところ、高額な商品をカードで買わされるはめになった（「デート商法」）、配水管の無料点検と称《しょう》してやってきた業者に床下を調べられ、いもしないシロアリ駆除《くじょ》を強引にさせられた（「点検商法」）、など、なかには詐欺《さぎ》まがいのものもある。

売る商品もさまざま。布団、教材、絵画、宝石、着物、健康食品、ダイエット用品。資格をとれるとうたう講座、エステコースのチケット、住宅のリフォームなどなど、なんでもあり。

悪質商法にはひっかからないのがイチバンだけれど、もしうっかり購入《こうにゅう》契約をしてしまった場合でも、手は残されている。それが契約の取り消し制度「クーリングオフ」だ。

クーリングオフとは「頭を冷やす期間」という意味。基本的に、契約書交付から8日以内に、書面で取り消しを求めることができる。

違法《いほう》な勧誘販売にたいしては、おかしいと気づいてから6か月以内（契約日から5年以内）なら、契約取り消しを求めることができる。

警視庁のサイトでも、手口を紹介《しょうかい》して注意をよびかけている。

http://www.keishicho.metro.tokyo.jp/anzen/sub0.htm

（「悪質商法」の項目をクリック）

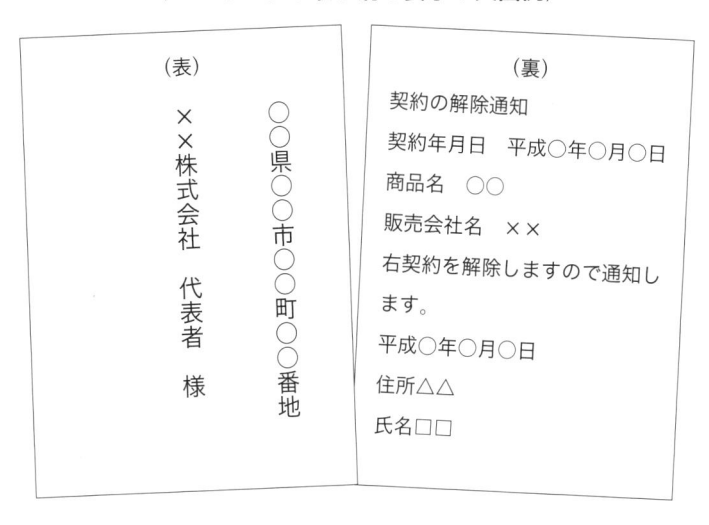

〈ハガキによる取り消し要求の文面例〉

（表）

○○県○○市○○町○○番地

××株式会社　代表者　様

（裏）

契約の解除通知

契約年月日　平成○年○月○日

商品名　○○

販売会社名　××

右契約を解除しますので通知します。

平成○年○月○日

住所△△

氏名□□

●クーリングオフする理由は書かなくていい。

・頭金や代金を支《し》払《はら》っている場合は、

「つきましては、私が代金として支払いました金○○○○円をすみやかに返《へん》還《かん》してください。」

・商品を受けとっている場合は、

「なお、受けとった商品はおひきとりください。」

といった文章を入れておく。

●郵送するときには、「特定記録郵便」「簡易書留」など、発信日が証明されるサービスを使う。

家族の借金はどうなる?

自分には借金がなくても、家族に借金がある場合もありますよね。家族の借金の支《し》払《はら》い義務って、法律上どうなっているのでしょう。もし、お金を取り立てる人が「かわりに払え」と家族に言ってきたら?

お兄ちゃんの借金が発覚!
父親や母親にも返済義務がある?

YES　それとも　NO　?

答えはNO。保証人・連帯保証人になっていないかぎり、親に支払い義務はありません。きょうだい間や親せきどうしでも同じです。

子どもが未成年の場合、親の同意なしにした借金は取り消すことができます（利益を受けた限度内で、貸し手にお金を返す義務は生じる。また、大人のふりをして借りた借金は取り消せない）。クレジット契《けい》約《やく》も取り消せます。

契約書の連帯保証人の欄《らん》に、無断で親の名前を書いた場合にも、親に連帯保証人としての責任は発生しません。

では、逆の場合はどうでしょう?

親に借金があって心配!
子どもの自分にも返済義務がある?

YES　それとも　NO　?

答えはNO。成人して保証人・連帯保証人になっていないかぎり、親の借金を子どもが背負う必要はありません。

ただし、親が借金を残して亡《な》くなった場合には、ちょっと事情が変わります。遺産相続するからです。夫婦や子どもは財産を相続しますが、負の遺産（借金）も相続してしまうのです。

こうした場合、「相続放棄《ほうき》」という手続きをすれば、支払い義務はなくなります。相続のマイナス面のほうが大きければ、放棄したほうが負担が少なくてすむでしょう。

さらに、結婚《けっこん》相手の場合はどうでしょうか。

結婚した相手が高金利の借金をしていた!
自分にも返済義務がある?

YES　それとも　NO　?

答えはNO。保証人・連帯保証人になっていないかぎり、原則として、借り手の妻や夫に支払い義務はありません。

民法では、生活費のための借金には夫婦に連帯責任があるとさだめていますが、高金利の借金については別と考えられています。ただし、保証人・連帯保証人になっている場合には、たとえ離婚しても、その責任が残ります。

家族かどうかではなく、保証人になっているかどうかが重要です。貸し手が「家族だから、かわりに払え」とか「ほかから借りて払え」と要求するのは違《い》法《ほう》行《こう》為《い》です。

こうした取り立てを
受けたときや、
無理に保証人を頼まれたり
無断で保証人にされて
しまったときは、
すぐ法律相談へGO!

ヤマダさん一家の復活

ヒロシさんの手どりの月収：20万円（2年前までは30万円）

ユミコさんの手どりの月収：10万円

→合計30万円

持ち家なので家賃はなし

▽相談時の借金残高

クレジットカード会社3社		**100万円**
消費者金融《きんゆう》会社5社		**300万円**
	合計	**400万円**
月々の返済必要額		**8万円**

これにプラスして、住宅ローンの返済が17万円

●念願のマイホームが大きな負担に

1998年、住宅金融公庫の住宅ローン「ゆとりローン」の金利が年率2.55%から2.0%に下がり、ローンを組める年収基準も500万円以上から400万円以上に下がりました。当時、ボーナスを入れて年収が480万円（手取りで400万円）ほどだったヒロシさんにとって、マイホームを手に入れるまたとないチャンス。大急ぎでローンを組み、3000万円の新築マンションを購入《こうにゅう》しました。

ヒロシさんが契約《けいやく》したゆとりローンのしくみは、以下のようなもの。

❶最初の5年間は年率2.0%、借り入れ期間50年の元利《がんり》定額方式で計算

↓

❷6年目は年率2.0%、借り入れ期間35年の元利定額方式で計算

↓

❸11年目からは年率4.0%の元利定額方式で計算

最初は返済額をおさえて、段階的に増やしていくしくみです。

会社から課長昇進《しょうしん》の話もあり、最後は退職金で一括《いっかつ》返済すればいいと、返済については心配していませんでした。

> 最初の5年間の返済月額は8万円。手取り月収から8万円を引いても22万円は残る

返済額の1回目の引き上げがやってきたのです。契約のときは理解していたつもりでも、不《ふ》況《きょう》で給《きゅう》与《よ》額《がく》が上がらないという予想外の事情をかかえたヒロシさんにとって、6万円の負担増は大きなものでした。

手取り月収30万円－14万円＝16万円が残る

さらに息子のリョウタくんの私立高校進学などもあり、家計は苦しくなっていきました。

5年後……。住宅ローンの金利が倍になり、月の返済額が17万円に。このあいだにふたりの子どもたちが大学と高校に進学し、大きな出費が重なって、ギリギリのやりくりが続きました。

追い討ちをかけるように、若者の自動車離れとリーマンショックによる大不況が会社を直撃《ちょくげき》します。ヒロシさんの給料は手取り20万円にカットされてしまいました。

妻のユミコさんもパートで働きはじめましたが、月収は夫婦あわせて30万円ほどで、とても足りません。消費者ローンから借金を重ねるようになり、気づけば借り入れ総額400万円、住宅ローンとの合計返済額が月25万円を超《こ》える状態になっていました。しかも10年以上返しつづけた住宅ローンは、まだ2500万円も残っていたのです。そして、ヒロシさんが生命保険目当てで自殺未遂をするという最悪の事態に……。

●最悪の事態から法律相談へ

あるとき、リョウタくんが大学で開かれていた無料法律相談を思い出し両親に相談、一家は弁護士会の法律相談に出かけました。

●マイホームに住みながら多重債務を脱出《だっしゅつ》

個人再生手続きとは、住宅ローン以外の借金返済額を大幅《おおはば》に減らした再生計画（原則3年間で完済）を裁判所に認めてもらい、計画どおりに返しおわると残りの借金が免除《めんじょ》されるという手続きです（114ページ参照）。住宅ローンは返しつづけていくことになりますが、差し押《お》さえによって家を失うことはありません（「住宅資金特別条項《じょうこう》」）。

住宅ローン以外の借金の総額が5000万円以下、将来にわたって安定した収入がある、などいくつかの必要条件がありましたが、ヤマダさん一家はそれをクリアし、個人再生手続きをすることができました。

その結果、400万円の借金は4分の1の100万円に。これを毎月3万円程度の分割払《ばら》いで返していくことになりました。住宅ローンとあわせて月々20万円の支払いです。まだまだ大きな負担ですが、エコカー特需《とくじゅ》でヒロシさんの給料がようやく手取り25万円にまで回復し、リョウタくんもバイトを始めて家計を助けるなど、明るい材料も出ています。

借金なんかで死なないで

よかったじゃん、ヤマダさん一家。

でも、ヒロシさん、思いつめて自殺未《み》遂《すい》までするなんて。

生活苦で自殺を考える人は、日本にはとても多いんだ。

●日本の自殺者数の移り変わり

（警察庁調べ）

これは、2000年から2010年までの年間自殺者数をあらわしたグラフです。毎年、3万人を超《こ》える人が自殺で亡《な》くなっていることがわかります。

日本の自殺率（人口にたいする割合）は、世界でもたいへん大きいといわれていますが、そのじつに4人にひとりが、経済苦・生活苦による自殺だと、調査結果はしめしています。

このうち、借金問題による自殺はどのくらいになるのでしょうか。動機や原因などのくわしい調査がはじまった、2007年以降のデータを見てみましょう。

●借金問題による自殺者数

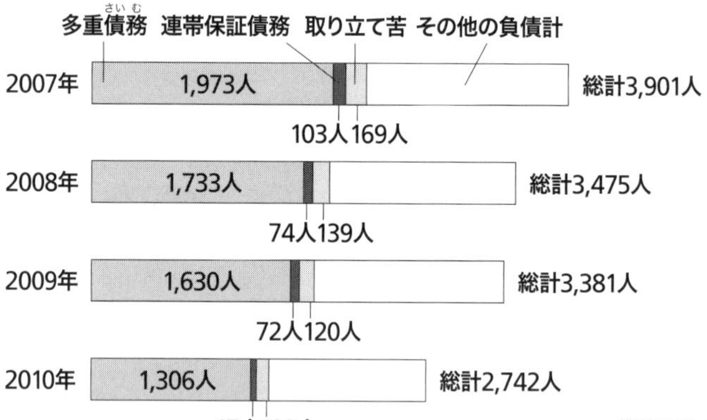

（警察庁調べ）

この4年間だけで、1万3500人もの人が、借金問題による自殺で亡くなっています。

ヤマダさん一家のお父さん、ヒロシさんのように、生命保険金をもらってお金の問題を解決するために、自殺を選ぶ人もいます。

●生命保険受給のための自殺者数

2007年…151人／2008年…139人／2009年…136人／2010年…143人

また、失業を理由に自殺した人も、2010年には960人にのぼりました。

なぜ、こんなにも多くの人が、お金の問題の解決方法として、最悪の選択肢《せんたくし》を選んでしまうのでしょうか?

4章と5章に登場した宇都宮《うつのみや》弁護士は、「つながり」を広げることが大事だと言います。

支援《しえん》や相談窓口も、そのつながりのひとつです。借金問題や労働問題と同じように、自殺についても、支援センターや相談窓口があります。なかには、一晩中、24時間、相談を受け付けているところもあります。

どんなにつらくても、そうしたつながりがあることを思い出すことができれば——。やりなおせるきっかけが、かならずつかめるはずです。

ダイスケくんの復活

ダイスケくん・30歳《さい》

アルバイト（元・不動産仲介《ちゅうかい》会社勤務）

手取りの月収19万円（3年前は30万円）◎家賃8万5000円

▽相談時の借金残高

銀行系カード会社	**1社**
クレジットカード会社	**3社**
消費者金融《きんゆう》会社	**4社**
ヤミ金	**4社**
	総額　約685万円
月々の返済額	**利息だけで20万円超《ちょう》**

●こんなはずでは……

ダイスケくんは3年前までは、バリバリの不動産営業マンでした。お給料が順調にアップし、アパートからマンションに引っ越《こ》しもしました。引っ越し費用で貯金はゼロになりましたが、副業として期待できるファイナンシャル・プランナーの資格取得と英語の勉強のために、休日は学校に通いはじめました。

授業料は信販《しんぱん》会社の分割払《ばら》い。数枚のクレジットカードをフル活用していましたが、不安はありませんでした。

ところが、リーマン・ショックの波が会社に押《お》しよせ、あわてて転職先を探しているさなかに、会社が倒産《とうさん》してしまいました。多くのローンをかかえたまま、バイトをしつつ職探しの日々。月収が10万円以上も減ったため、毎月のローンが払えなくなり……。

ダイスケくんは、ほどなく
消費者金融から借りることに
とりあえず…
A社
カードローン
やがて返せない分を
他社から借りて返すようになりました
わーっ
B社
C社
D社
E社
H社
G社
グル
グル
↑これが自転車操業です
10か月後、借り入れ先は8社
借金総額は400万円に
そこに、さらなるピンチ!
総量規制で、すべての口座が
凍結されてしまいました
ど…っ、どこからも
引き出せない～～!!
さむしい…
ピューー
右往左往しているうちに
インターネットで
「総量規制でも借りられます」
という業者を発見!
ラッキー!!
年率50%?!
でも背に腹は
変えられない!
↑これがヤミ金です
わーっ
ヤミA
ヤミB
グル
グル
返せるアテもないので
返済をのばしては延滞金を上乗せされて
さらにほかのヤミ金から借りては返して……

気がついたら借金総額は700万円近くにふくらんでいました……
ダイスケくん
ハイ?
あんたひょっとして自転車こいでるんとちゃうか?
せっ、先輩《せんぱい》なぜそれをっ?!
雰囲気《ふんいき》や……ああ、なんて真っ黒な雨雲や……あんな雲を見ているとむかしうちが“カード破産”したことを思い出すなあ……
あのとき弁護士はんに相談してへんかったらほんまに死んでたかもしれへん
ダイスケくんも県の弁護士会で弁護士はんを紹介《しょうかい》してもろたら……
あ、気絶しよった

●ゼロからの再出発

弁護士に会って話しあってみると、借金の額、現在の収入、今後の見通しなどからみて、利息制限法の上限金利で計算しなおしても、ダイスケくんの借金は、とうてい返せる範囲のものではないことがわかりました。

勇気のいることでしたが、ダイスケくんは、自己破産の申し立て手続きをとることにしました。借金が返せず、破産するしかないことを裁判所に届けて、それを認めてもらい、借金を免除《めんじょ》してもらうのです。

●自己破産《じこはさん》の手続き（土地や家などの財産《ざいさん》がない人の場合）

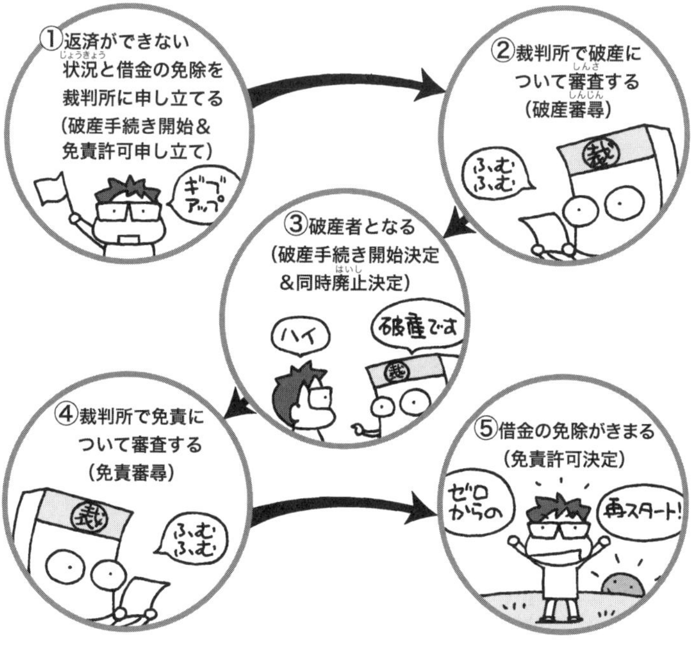
①返済ができない
状況《じょうきょう》と借金の免除を
裁判所に申し立てる
（破産手続き開始＆
免責許可申し立て）
ギブアップ
②裁判所で破産に
ついて審査《しんさ》する
（破産審尋《しんじん》）
ふむふむ
③破産者となる
（破産手続き開始決定
＆同時廃止《はいし》決定）
ハイ
破産です
④裁判所で免責に
ついて審査する
（免責審尋）
ふむふむ
⑤借金の免除がきまる
（免責許可決定）
ゼロからの
再スタート！

家や土地など、財産をもっている人の場合には、手続きはもう少し複雑です。破産手続き開始決定と同時に、「破産管財人」が選ばれます。破産する人の財産を管財人が管理し、それを処分して、借金の返済の一部にあてるのです。

さて。ダイスケくんは、晴れて借金地獄からぬけだしました。ダイスケくんはいま、ゼロからのスタートだと思っています。

自己破産をすると、今後、最大で10年間は、借金をしたり、クレジットカードをつくったりすることができなくなります。でも、もう高利のローンはこりごり。

あの地獄のような日々を思えば、いまの気持ちのほうが、ずっとおだやかで前向きです。フレッシュな気持ちでやりなおそうと思っています。

●借金免《めん》除《じょ》にならない場合もある

あま―――い！
借金の免除については
裁判所がきびしく
審査するんだ！
あまいわよ

破産しても、借金が免除にならない場合もあります。たとえば、つぎのような場合。

◎遊びやギャンブルで借りまくった場合。
◎返せるあてがないのに、さも返せるように、人をだまして借りた場合。
◎クレジットカードでモノを買い、それをすぐにお金にかえたりしていた場合。
◎返済にあてられる財産（土地や家、株、貯金など）があるのに、ないように見せかけたり、ごまかしたりして、破産しようとした場合。
◎過去7年以内に、同じように借金の免除をされている場合。

使うだけ使ってあとはチャラにっていうのは、認められないんですね。

●破産したら、なにが変わる?

自己破産をすると、借金が免除になることがわかりました。でも、自己破産したことによって困ることはないのでしょうか?

ここでひさしぶりにクイズです。

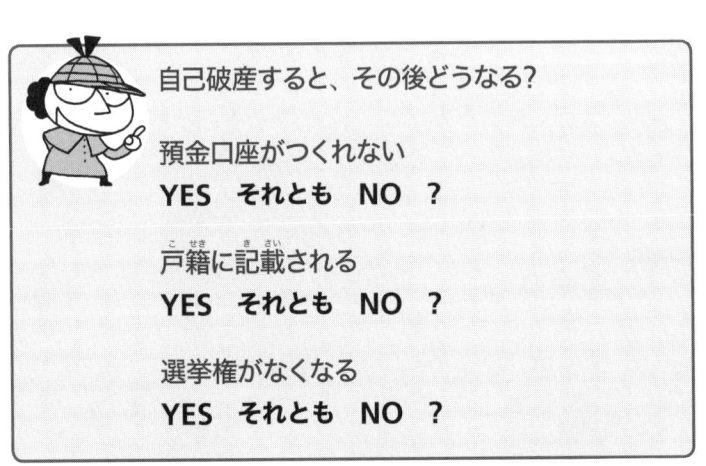

自己破産すると、その後どうなる?

預金口座がつくれない

YES　それとも　NO　?

戸籍《こせき》に記載《きさい》される

YES　それとも　NO　?

選挙権がなくなる

YES　それとも　NO　?

答えはすべてNO。どれもだいじょうぶです。会社をクビになることもありません(勤め先に知らせる義務もありません)。

自己破産すると、大きくは、ふたつのことがあります。
◎破産者の住所・氏名が「官報」に掲載されます。官報とは政府が発行する新聞です。
◎個人信用情報機関のデータファイルに、破産した人の情報が、最大で10年間、記録されます。その間は、クレジットカードをつくったり、住宅ローンを組んだり、借金したりすることはできません。

また、自己破産した人は、ヤミ金に要注意。ヤミ金は、通常の借金ができない自己破産者をねらって、お金を貸そうとします。官報で調べて、ダイレクトメールを送ったりもします。

トモコさん親子の復活

トモコさん・38歳《さい》

息子のショウタくん（15歳・中学3年生）とふたり暮らし

昼間はスーパー、夜はファミレスのパート勤務

手どり月収は約15万円

家賃5万円

▽借金は消費者ローン会社1社から月々 5万円。入院するまでは毎月完済

●ある日突然、養育費がストップ

トモコさんが元夫と離婚《りこん》したのは4年前。その後は、シングルマザーとして、ひとりで家計を支え、ショウタくんを育ててきました。

元夫からの養育費→月6万円
児童扶養手当→月3万円
じゃあ あと10万円くらい パートで稼《かせ》げば ふつうに暮らしていける!
ショウタもまだ小学生だしねー
おっ ハンバーグ!
いただきまーす!

元夫がリストラにあい、養育費を送れなくなったというのです。トモコさんはいきなり収入の半分近くを失いました。ほどなく、ショウタくんが中学校にあがると、それまでもらっていた月3万円の児童扶養手当もなくなりました。いつまでも落ち込んではいられません。トモコさんはスーパーの仕事にくわえて、夜はファミレスで働くことにしました。

●借金生活のはてに入院

しかし、突然《とつぜん》の医療費《いりょうひ》やアパートの更新料《こうしんりょう》、ショウタくんの塾《じゅく》通いなど、あらたな出費がかさみはじめます。しかたなく、消費者ローンから毎月5万円を借りるようになりました。

それでも、仕事を週7日に増やし、なんとか自転車操業を乗りきっていたトモコさんでしたが、無理がたたってインフルエンザにかかり緊急《きんきゅう》入院してしまいました。

●母子・寡婦福祉《かふふくし》資金貸付金を利用する

　お姉さんが弁護士に相談してくれて、消費者ローン会社への5万円の返済は待ってもらえることになったものの、この先の生活を思って、病院のベッドで途方《とほう》にくれていたトモコさん。同室のシングルマザーのユリさんと話をしていたところ……。

　「母子・寡婦福祉資金貸付金」は、20歳未満の子どものいるひとり親家庭向けの公的支援制度で、127ページでみた生活福祉資金のシングルマザー版ともいえる制度です。学費、医療、引っ越《こ》し代など、使い道に応じて、生活に必要なお金を借りることができます。

●貸付金の種類は12種類

暮らし	生活資金　医療介護《かいご》資金 住宅資金　転宅資金　結婚《けっこん》資金
仕事	技能習得資金　就職支度資金　修業資金 事業開始資金　事業継続《けいぞく》資金
教育	就学支度資金　修学資金

連帯保証人を立てられない場合は年率1.5%の利息がつきますが、保証人がいる場合には、無利息で借りられます（教育にかかわるお金はすべて無利息）。また、返済がとくにむずかしい場合には、支払い猶予《ゆうよ》や免除《めんじょ》の措置《そち》もあります。

①貸付金の申請
子ども家庭課
この申請書を書いてください
はい
審査《しんさ》を待っているあいだの生活費はありますか?
いえ……
②審査を待つ
当座の生活費に緊急貸付が借りられた
親切だねー
③通知書が送られてくる
もしもしユリさん?決定だって!
よかったじゃん!
じゃあオレも高校行けるの?

審査の結果、トモコさんは、生活が安定するまで月額10万3000円の生活資金とショウタくんの就学支度資金4万6100円を借りられることになりました（お姉さんが保証人になってくれたので、生活資金の利息はなしでした）。

トモコさんのいちばんの気がかりはショウタくんの進学費用でしたが、この制度の就学資金や奨学金《しょうがくきん》を利用すれば、なんとかなりそうです。

こうして、トモコさん親子の新しいスタートが始まりました。

タクヤくんの復活

タクヤくん・27歳《さい》

就職活動中（3年前は手取り20万円）

家賃5万8000円

▽借金はなし。路上生活経験あり

●失業手当を受けながら転職活動

子どものころからテレビの仕事にあこがれていたタクヤくんは、3年前、親元を離れ、テレビ番組の制作会社で働きはじめました。

給料はそんなに高くないけれど
番組作りに関わることができて
やりがいのある仕事です
爆笑ネタ ください!
しかし想像以上にストレスが多く
徹夜《てつや》続き。休日返上の超多忙《ちょうたぼう》な毎日で
入社して2年ちょっとで
会社をやめてしまいました
げっ……限界だ もうちょい ふつうに働ける 会社に移ろう!

退社する1か月前から、同じ業界で転職先を探しはじめましたが、2年程度の仕事経験しかないタクヤくんを採用してくれる会社はなかなかありません。タクヤくんは、失業手当（雇用《こよう》保険の基本手当）をもらいながら、仕事探しを続けることにしました。

●失業手当受給までの流れ

❶離職票をハローワークに提出

　退職後にハローワークから送られてくる「離職票」を持ってハローワークへ。離職票を提出し、求職の申し込《こ》みをする。これで、受給資格者証がもらえる。

求職活動します!

❷受給説明会に参加

❸失業状態の認定を受け、受給スタート

　認定日にハローワークへ。受給資格決定から1週間の待機期間が過ぎても失業状態にあることが認定されれば、約1週間後に手当が銀行口座に振《ふ》り込まれる。このときの給付額は、待機期間終了の翌日〜認定日前日までの日数分。

　ただし、タクヤくんのように自己都合で退職した人には、待機期間のあとさらに3か月の給付制限がある。給付制限後に失業の認定を受け、その約1週間後に受給がスタート。

（貯金を切りくずしながらの3か月が過ぎ……）

やっと入った!
助かった〜〜!
フー

❹認定と受給をくり返す

　その後、4、5週間に1度の認定日にハローワークで就職活動の状況を報告し、失業状態が認定されれば、その1週間後に手当が支給される。

ここからは、失業手当についてくわしくみていこう。

●給付期間はどのくらい?

退職したときの年《ねん》齢《れい》、退職理由、被《ひ》保険者であった期間などによって、給付期間は異なります。

●失業手当の給付期間

自己都合で退職の場合				
被保険者であった期間		10年未満	10年以上20年未満	20年以上
		90日	120日	150日

会社都合で退職の場合（解雇《かいこ》・倒産《とうさん》など）					
被保険者であった期間	1年未満	1年以上5年未満	5年以上10年未満	10年以上20年未満	20年以上
30歳未満	90日	90日	120日	180日	—
30歳以上35歳未満	↓	↓	180日	210日	240日
35歳以上45歳未満	↓	↓	↓	240日	270日
45歳以上60歳未満	↓	180日	240日	270日	330日

※障害者など、とくに就職がむずかしい人の場合は条件や給付日数が優遇《ゆうぐう》されます。

自己都合でやめたタクヤくんの給付期間は90日です。
タクヤくんの失業手当は、3か月給付で合計45万円でした。
つぎは、失業手当の支給額についてみていきましょう。

●失業手当の計算方法は？

失業手当の額は年齢と給《きゅう》与《よ》額《がく》にもとづいて算出します。額面の給与額の5割〜8割が支給額となります。

失業手当の額は、つぎのように計算します。

まず、賃金日額を計算します。

賃金日額＝退職前6か月の給料（額面）の総額÷180
（ボーナスはふくまない）

タクヤくんの賃金日額は、

22万5540円×6か月÷180日＝7518円でした。

この賃金日額をつぎの表に当てはめて給付率をかけたものが、1日あたりの手当額です。

退職時の年齢が30歳未満

賃金日額	給付率	基本手当日額
2000円〜3950円	80%	1600円〜3160円
3950円〜11410円	80%〜50%	3160円〜5705円
11410円〜12290円	50%	5705円〜6145円
12290円〜	—	6145円（上限額）

退職時の年齢が30歳以上45歳未満

賃金日額	給付率	基本手当日額
2000円〜3950円	80%	1600円〜3160円
3950円〜11410円	80%〜50%	3160円〜5705円
11410円〜13650円	50%	5705円〜6825円
13650円〜	—	6825円（上限額）

退職時の年齢が45歳以上60歳未満

賃金日額	給付率	基本手当日額
2000円〜3950円	80%	1600円〜3160円
3950円〜11410円	80%〜50%	3160円〜5705円
11410円〜15010円	50%	5705円〜7505円
15010円〜	—	7505円（上限額）

（2010年8月1日改訂）

グレーの賃金日額にあてはまる場合は、つぎのように計算します。

1日あたりの手当額＝（$71530w-3w^2$）÷74600

w＝賃金日額。端数《はすう》は1円未満を切り捨て

（2010年8月1日改訂）

タクヤくんの1日あたりの手当額は5000円でした。

●追い出し屋の被害に

ところが、タクヤくんをきびしい現実が待っていました。3か月の職探しの結果、テレビ関係の求人で見つけることができたのは、アシスタントのアルバイトが数件だけでした。そのどれもが、食べていくのもやっとくらいの給料です。

タクヤくんは、コンビニで深夜のアルバイトをしながら、就職活動を続けることにしました。

でも、就職活動のあいまに入るアルバイトでは、とてもじゅうぶんな生活費をかせぐことはできません。わずかな貯金と節約生活でやりくりしようとしましたが、2か月後には5万8000円の家賃を半分しか工面できない状態になっていました。残りは翌月に支払《しはら》うことにして、とりあえずその月は半分だけ支払っておきました。

その日は友人の家に泊《と》めてもらい、なんとか夜の寒さをしのぐことができました。翌日、ハッピーハウスに連絡《れんらく》して、家具やそのほかの持ち物をとりもどすことはできましたが、家賃の不足分にくわえ、損害金や持ち物保管料として計1万円を支払うことになりました。

家を失ったタクヤくんは、その日からインターネット・カフェで寝《ね》る生活を始めました。深夜のバイトに、不十分な睡眠《すいみん》時間。そのあいまをぬっての就職活動。これでは体調をくずすのはあたりまえです。アルバイトも休みがちになり、やがてネットカフェ代も払えなくなりました。

追い出し屋とは

貸し主から賃貸物件の管理と家賃の保証を委託《いたく》された保証会社で、家賃滞納者《たいのうしゃ》を強制的に追い出す悪徳業者のことを「追い出し屋」という。

敷金《しききん》も礼金もかからない「ゼロゼロ物件」や「保証人不要」をうたい文句に、ゆるい審査《しんさ》で部屋を貸す。だが、家賃の滞納があった場合には、ヤミ金まがいの脅迫《きょうはく》的な取り立てをしたり、法外な損害金を要求したりするのだ。

さらには、本人に通知することなくドアの鍵《かぎ》を変え、家具など私物を撤去《てっきょ》するといった違法《いほう》な手段によって、強制的に立ち退《の》きを迫《せま》る。

追い出し屋の被害《ひがい》は全国であとを絶たず、2011年1月現在、34件の訴訟《そしょう》が起きている。国会でも「追い出し屋規制法案」が審議中。

●生活保護申請《しんせい》のため役所へ。しかし……

もう自分の力ではどうしようもない――。タクヤくんは「生活保護」を受けようと決心し、近くの市役所に出かけていきました。そこで教えられた福祉《ふくし》事務所に行くと……。

もちろん、住所がなくても生活保護は申請できますし、年齢《ねんれい》も関係ありません。典型的な「水際作戦」ですが、なんの予備知識もなかったタクヤくんは、あきらめて福祉事務所をあとにしました。手だてを失ったタクヤくんは、とうとう路上生活をすることになりました。

●路上からの復活

――翌朝
でかい公園だったら もうちょっと寝やすい場所 あるんじゃないかな～……
そこの若者! こっちに並ぼう!
えっ、ボク?
はい、どうぞー
えっ？　ボクも いいんすか?
炊き出しコーナー
あったかいもの ひさしぶりに 食べた〜〜〜
そこのキミ
いまって 外で寝てるの?
相談コーナー
はあ、4日前から…… ネットカフェ代ももうないし 福祉事務所にも行ったんすけど 生活保護とか無理だって言われて……
そうですかー じゃあ、あした ワタシといっしょに その福祉事務所に 行きましょう
いや、だから 断られたんですって
聞いてました? ボクの話

──翌日。タクヤくんは支援者のユアサさんと福祉事務所に出かけました。そこでのやりとりはこんなようすです。

きのうもお伝えしたとおり、住所のない方は申請できないんですよ。

待ってください。住所がない人は、この役所を「現在地」として申請できるはずですよね。

それはそうですが……。ただ、この方は若くて健康上の問題もなく、じゅうぶん働けるようですし。

年齢は関係ありませんよ。それに、働けるからだであっても、働く場がないから路上暮らしになったんです。

と、とにかく申請書は渡《わた》せません!

それは申請権の侵《しん》害《がい》です。法律違《い》反《はん》になりますよ。まあ、そもそも申請書に決まった形式は必要ありませんから、こっちでつくって提出してもいいですけど。

支援者のこうした後《あと》押《お》しによって、タクヤくんは生活保護を申請することができました。持ち金が1円もなかったため、その日のうちに保護費が支給され、安い旅館に泊まれることになりました。その後、タクヤくんはアパートに入居し、生活保護を受けながら、就職活動を始めました。

生活保護があって助かりましたーあれから落ち着いて仕事探していま小さなドキュメンタリー制作会社に！
そーよかったねー
勉強は〜？
いまやろうと思ってたのに〜っ
カワイイネーヒマデスカー？
えっ？ヒマだけどっ？
ほら〜司法書士さんのとこ行くよ〜
え〜やだ〜
おじさーん!!
アイちゃん心配かけたねー
なぜかあのあと髪の毛と仕事が増えて……
えっ、あの崖《がけ》パワースポットだったの?!
あれからなんか考え方変わっていまNPOで働いてるキミも来てみる？
えっいいんですか？
アイちゃんうしろ！ゲイリー！
*ira July 2011

困ったときの相談窓口一覧

法律の専門家

●法テラス・コールセンター

☎0570-078374（PHS・IP電話からは03-6745-5600。平日9：00～21：00、土曜9：00～17：00）

トラブルにおうじた相談窓口や、近くの弁護士会・司法書士会の法律相談センターの場所などを教えてもらえる。

［全国の相談窓口紹介サイト］

●全国の法テラス（日本司法支援センター）

http://www.houterasu.or.jp/chihoujimusho/

●全国の弁護士会

http://www.nichibenren.or.jp/ja/link/bar_association.html

●全国の弁護士会法律相談センター

http://www.nichibenren.or.jp/ja/legal_aid/consultation/index.html

●全国の司法書士会

http://www.shiho-shoshi.or.jp/association/shiho_shoshi_list.php

●全国の司法書士総合相談センター

http://www.shiho-shoshi.or.jp/activity/var_consulting/center_list.php

●全国青年司法書士協議会

http://zenseishi.com/

ホットライン（無料相談あり）☎03-3359-3639（平日14：00～18：00）

クレジットカード、借金問題、悪質商法など

●全国クレジット・サラ金被害者連絡協議会

東京事務所☎03-5207-5507（平日13：00〜18：00）

全国に89の被害者の会があり、相談できる。被害者の会については、上記東京事務所に電話で問いあわせを。同じ苦しみを体験した人のサポートは貴重。

http://www.cre-sara.gr.jp/kamei.html

●消費生活センター

消費者ホットライン☎0570-064-370（年末年始をのぞく）

住んでいる地域の消費生活センターにつながる。センターの開所時間外であっても、音声ガイダンスによって窓口の情報を聞くことができる。消費生活センターは、借金問題や悪徳商法のトラブルなど、さまざまな相談を受けつける公的機関。

［各地の消費生活センター一覧］

http://www.kokusen.go.jp/map/index.html

［地方公共団体の消費者窓口一覧］

http://www.kokusen.go.jp/link/_pref.html

●日本クレジットカウンセリング協会　多重債務ほっとライン

東京、福岡、名古屋、仙台、広島、新潟、静岡にセンターがある。
(年末年始をのぞく平日10：00〜12：40／14：00〜16：40)

http://www.jcca-f.or.jp/disposition/consult.html

労働問題

●首都圏青年ユニオンの労働者相談

☎03-5395-5359（不在時は留守電にメッセージ）

アルバイト、パート、派遣、フリーター、一般職、その他の働く若者のための労働相談窓口（無料)。法的サポートをおこなう顧問弁護士もいる。全国の青年ユニオンについてはサイト内で紹介。

http://www.seinen-u.org/

●全労連　労働相談ホットライン

☎0120-378-060

全国労働組合総連合による相談窓口。住んでいる地域の労働相談センターにつながり、無料相談ができる。

●日本労働弁護団　労働相談ホットライン

☎03-3251-5363／03-3251-5364（月・火・木15：00〜18：00)

弁護士による無料の労働相談。

[各地のホットライン一覧]
http://roudou-bengodan.org/hotline/hotline.php

公的支援の相談

各地の窓口へ。以下のサイトでは連絡先や住所を知ることができる。

●全国の社会福祉協議会（生活福祉資金貸付制度）
http://www.shakyo.or.jp/links/kenshakyo.html

●全国の福祉事務所（生活保護）
http://www.mhlw.go.jp/bunya/seikatsuhogo/fukusijimusyo-ichiran.html

●全国のハローワーク（失業手当）
http://www.mhlw.go.jp/kyujin/hwmap.html

生活保護の利用を支援する法律家ネットワーク

●ホームレス総合相談ネットワーク
相談専用フリーダイヤル☎0120-843530（月・水・金11：00〜17：00）
相談専用メール：netsodan@homeless-sogosodan.net

[各地の法律家ネットワーク]

●首都圏生活保護支援法律家ネットワーク
☎048-866-5040（埼玉総合法律事務所。平日10：00〜17：00）
http://www.seiho-law.org/

●東北生活保護利用支援ネットワーク
☎022-721-7011（平日13：00〜16：00）

●生活保護支援ネットワーク静岡

☎054-636-8611（平日10：00〜17：00）

●東海生活保護利用支援ネットワーク

☎052-911-9290（火・木13：00〜16：00）

●近畿生活保護支援法律家ネットワーク

☎078-371-5118（平日10：00〜16：00）

●生活保護支援中国ネットワーク

☎0120-968-905（平日9：30〜17：30）

●四国生活保護支援法律家ネットワーク

☎050-3473-7973（平日10：00〜17：00）

●生活保護支援九州ネットワーク（九州・沖縄）

☎097-534-7260（平日10：00〜17：00）

ホームレス状態の人へのアパート入居の保証人、緊急連絡先の提供

●NPO法人 自立生活サポートセンター・もやい

☎03-3266-5744（火曜12：00〜18：00／金曜11：00〜17：00）

東京都新宿区新小川町8-20 こもれび荘

追い出し屋に家から追い出された人、追い出されそうな人へ

●全国追い出し屋対策会議

事務局☎06-6361-0546（10：00〜17：00。大阪いちょうの会内）

追い出し屋による被害、過酷な家賃のとりたてなどの相談に、法律家が対応する。住んでいる地域に応じて、東京（首都圏）、埼玉、名古屋、大阪、福岡の追い出し屋会議を紹介。

ひとり親家庭のための相談窓口

●しんぐるまざあず・ふぉーらむ

☎03-3263-1519（火曜19：00～21：00）

http://www.single-mama.com/

死にたいくらい悩んでいるときに

●いのちの電話

［全国のいのちの電話一覧］

http://www.find-j.jp/zenkoku.html

毎月10日8：00～翌日8：00まではフリーダイヤルでつながる。

☎0120-738-556

死にたいくらいの思いをだれにも相談できず、ひとりで悩んでいる人のための電話相談。全国各地に数多く設置されている。メールやFAXで相談を受けつけたり、24時間の対応をしたりするところも多い。

生きるために必要な相談窓口を知る

●いのちと暮らしの相談ナビ

http://www.lifelink-db.org/index.html

NPO法人 自殺対策支援センター ライフリンクが運営する「生きる支援の総合検索サイト」。借金、失業、奨学金、子育て、ハウジングプア、自殺など、この本にでてくる問題のほか、生きていくうえでぶつかる、さまざまな問題についての相談窓口をかんたんに検索できる。

困ったときの相談窓口一覧

●いきる・ささえる相談窓口

http://ikiru.ncnp.go.jp/ikiru-hp/ikirusasaeru/index.html

国立精神・神経医療研究センター精神保健研究所 自殺予防総合対策センターが運営する、都道府県・政令指定都市別の相談窓口紹介サイト。

●内閣府の自殺予防サイト

http://www8.cao.go.jp/jisatsutaisaku/link/soudan.html

政府が相談窓口を紹介。

反貧困でつながる

●反貧困ネットワーク

貧困問題に取り組む、さまざまな市民団体・労働組合・法律家・学者などのネットワーク。代表は宇都宮健児弁護士。

[会員の所属団体がおこなっている各種相談窓口の一覧]

http://www.k5.dion.ne.jp/~hinky/madoguchi.html

※――上記はすべて、2011年6月時点のデータです。

シジュウカラという小鳥がいます。樹木にあいた穴に巣をつくってひなを育てます。そのひなを天敵のカラスやヘビがねらいます。

親鳥は、カラスの侵《しん》入《にゅう》には「チカチカ」といった鋭い声を発し、危険を知らせるそうです。ひなはカラスのくちばしが届かない巣の底にうずくまり、危険をさけます。ヘビが近づくと、親鳥は「ジャジャ」というにごった声を出して危険を知らせます。するとひなは、今度は巣から飛びだしてきて逃げるそうです。

このように親鳥は声を使い分けて危険を知らせ、ひなは最適の防衛策をとっていることがわかったそうです。

現代の日本には、お金をむしりとろうとするワナがいたるところに仕《し》掛《か》けられています。

この危険な日本の「マネーの世界」を安全に生き抜くには、なによりも、シジュウカラの親鳥の声の代わりになる知識を獲《かく》得《とく》し、賢《かしこ》くなることが必要になります。

しかし、学校でも社会でも、くわしく教えてはくれません。

知識がないと、危険なマネーの渦《うず》にあっという間に流されてしまいます。

大学や専門学校などに入学したり、社会人になると、クレジットカードやローン・カードを持つ機会がぐんと増えます。借金の機会が増えるということでもあります。

奨学《しょうがく》金《きん》の貸し付けを受けた人は、卒業すると返済が待ち受けています。そこにほかのローンが加わると、とたんに月々の返済額が大きくなります。返済に困ることがあるかもしれません。

でも、だいじょうぶです。お金の自己防衛知識は、この本でしっかり学べます。じっくり読んで、返済に困ったり、お金のトラブルにはまったりしても、かならず手だてがあることを知っておいてください。

わたしたちは失敗した人が、

「どんな問題にも解決策がある。人生もやりなおせる」

と、前向きな気持ちになってほしくて、この本をつくりました。

そのため多くの復活事例を載《の》せました。ミホさんやマイさん、ヤマダさん一家、タクヤさんたちの解決策を、みなさん自身の解決の参考にしていってください。

この本がみなさんの人生の助けになってくれることを願っています。

2011年7月

千葉 保＋利息解読プロジェクト

お金で泣かないための本

困るまえに読む!　お金のトラブル回避術

2011年8月5日　初版印刷
2011年9月1日　初版発行

監修者……………………宇都宮健児

著者………………………千葉 保+利息解読プロジェクト

絵…………………………イラ姫　協力：武川 彦（G-STUDIO）

装丁………………………STUDIO POT

本文デザイン・組版…滝澤 博（四幻社）

発行………………………株式会社 太郎次郎社エディタス
東京都文京区本郷 4-3-4-3F 〒113-0033
電話 03-3815-0605　fax 03-3815-0698
http://www.tarojiro.co.jp/

印刷・製本………………大日本印刷株式会社

定価………………………カバーに表示してあります

ISBN978-4-8118-0748-5　C0033

太郎次郎社エディタスの本　＊──定価は税別です

コンビニ弁当 16万キロの旅

10代向け
イラストブック

食べものが世界を変えている

コンビニ弁当探偵団●文　千葉 保●監修　高橋由為子●絵

身近なコンビニとコンビニ弁当をとおして、世界規模の食糧輸入や水・環境問題、ゴミ問題がみえてくる。フード・マイレージとは? バーチャル・ウォーターって、なに?　経営シミュレーションや工場の密着ルポで、現場で働く人たちの仕事にも迫る。

A5判上製・2000円

犬と猫と人間と

いのちをめぐる旅

飯田基晴●著

はじまりは、ひとりの「猫おばあちゃん」の思いだった──。日本で飼われている犬・猫の数、約2684万匹。一方、「殺処分」されている犬・猫の数、年間28万匹以上。2009年秋に劇場公開されて話題を呼んだ同名映画の取材過程を描いたドキュメント。

四六判並製・1500円

ゲイのボクから伝えたい

「好き」の？《ハテナ》がわかる本

みんなが知らないLGBT

石川大我●著

「カラダの性」「ココロの性」「スキになる性」は人それぞれ。その組み合わせは、たーくさんある!　30人に1人ともいわれるLGBT（レズビアン・ゲイ・バイセクシュアル・トランスジェンダー）について、当事者と周囲が知っておきたい基礎知識。

四六判並製・1000円